航空法理论与实务

姚琳莉 主编

李亚凝 邹璐 副主编

清华大学出版社

北京

内 容 简 介

本书以国际和国内的航空法律体系为基本框架,将航空法律案例与航空法学理论研究相结合,聚焦法律制修订和行业实践视角,展现了我国航空立法发展的最新内容。本书重点介绍航空组织、空气空间与航空、航空器运营管理制度、航空人员管理制度、机场管理制度、公共航空运输法律制度、航空安保法律制度、航空器对地(水)面第三人损害的侵权责任制度、通用航空管理制度、航空保险制度、航空运输损害诉讼制度。

本书既可以作为民航类院校航空法相关课程的教学用书,也可以满足相关企业培训学习需要,还可以作为实务工作的参考用书。

本书封面贴有清华大学出版社防伪标签,无标签者不得销售。
版权所有,侵权必究。举报: 010-62782989, beiqinquan@tup.tsinghua.edu.cn。

图书在版编目(CIP)数据

航空法理论与实务/姚琳莉主编. —北京: 清华大学出版社,2024.2
ISBN 978-7-302-65442-1

Ⅰ.①航… Ⅱ.①姚… Ⅲ.①航空法－研究－中国 Ⅳ.①D922.296.4

中国国家版本馆 CIP 数据核字(2024)第 022287 号

责任编辑:聂军来
封面设计:刘 键
责任校对:刘 静
责任印制:杨 艳

出版发行:清华大学出版社
  网 址:https://www.tup.com.cn,https://www.wqxuetang.com
  地 址:北京清华大学学研大厦 A 座 邮 编:100084
  社 总 机:010-83470000 邮 购:010-62786544
  投稿与读者服务:010-62776969,c-service@tup.tsinghua.edu.cn
  质量反馈:010-62772015,zhiliang@tup.tsinghua.edu.cn
  课件下载:https://www.tup.com.cn,010-83470410
印 装 者:三河市君旺印务有限公司
经 销:全国新华书店
开 本:185mm×260mm 印 张:8.75 字 数:209 千字
版 次:2024 年 2 月第 1 版 印 次:2024 年 2 月第 1 次印刷
定 价:39.00 元

产品编号:098577-01

前　言

　　法者，治之端也。党的二十大报告指出，全面依法治国是国家治理的一场深刻革命。十余年来，伴随航空事业从方兴未艾到高质量发展，国家对航空法治建设工作提出了更高的要求，给予了更多的期待。我国砥砺奋进，围绕航空法治如切如磋，如琢如磨。在国际航空法律治理中，我国的话语权越发彰显，推动了对国际航空安全有着极为重要现实意义且首次以我国城市命名的国际民航公约——《北京公约》和《北京议定书》的制定与生效。在国内航空法律治理中，航空法影响力越发深远，夯实了航空法律制度在保障、规范、引领航空事业发展中的基石作用。以《中华人民共和国民用航空法》为统领的航空法律体系得到不断完善，航空法律实务领域的热点问题备受多方关注。

　　法立于上则俗成于下。航空法治建设离不开与时俱进的法学教育与法律普及工作的开展，需要稳步推进航空法学领域研究人才与实务工作者的培养。与此同时，也需要出版能够严格规范航空法学教学内容和要求、宣传普及航空法学专业知识的好教材。本书正是因此而成稿。本书是在编者多年教学和研究成果的基础上进行编写的，以国际和国内航空法律体系为基本框架，将航空法律案例与航空法学理论研究相结合，选取了国内外具有代表性的典型案例进行法律分析，聚焦法律制修定和行业实践视角，展现了我国航空立法发展的最新内容，力求适应航空法学教学和实务工作的需要。

　　本书共十二章，姚琳莉承担了第一、二、三、五、六、七、八章的编写任务，李亚凝承担了第四、十二章的编写任务，邹璐承担了第九、十、十一章的编写任务。王海涛、高颖仪参与了部分案例的收集整理。全书由姚琳莉统稿。

　　初次成书，书中难免出现缺点、错误和遗漏，衷心希望读者朋友批评、指正，我们希望通过本书的编写能抛砖引玉，为航空法治建设尽一己之力。

编　者

2023 年 9 月

目 录

1 第一章 航空法概述
第一节 航空法的定义、调整对象和特征 …………………… 1
第二节 航空法律体系概况 …………………………………… 3

10 第二章 航空组织
第一节 国际航空组织 ………………………………………… 10
第二节 我国的航空组织 ……………………………………… 17

20 第三章 空气空间与航空
第一节 案例导入 ……………………………………………… 20
第二节 空气空间与航空概述 ………………………………… 21
第三节 案例练习 ……………………………………………… 27

28 第四章 航空器运营管理制度
第一节 案例导入 ……………………………………………… 28
第二节 航空器运营管理制度概述 …………………………… 30
第三节 案例练习 ……………………………………………… 36

39 第五章 航空人员管理制度
第一节 案例导入 ……………………………………………… 39
第二节 航空人员管理制度概述 ……………………………… 41
第三节 案例练习 ……………………………………………… 47

49 第六章 机场管理制度
第一节 案例导入 ……………………………………………… 49

第二节　机场管理制度概述 …………………………………………… 51
　　第三节　案例练习 ……………………………………………………… 57

59　第七章　公共航空运输法律制度

　　第一节　案例导入 ……………………………………………………… 59
　　第二节　公共航空运输法律制度概述 ………………………………… 62
　　第三节　案例练习 ……………………………………………………… 72

74　第八章　航空安保法律制度

　　第一节　案例导入 ……………………………………………………… 74
　　第二节　航空安保法律制度概述 ……………………………………… 76
　　第三节　案例练习 ……………………………………………………… 92

94　第九章　航空器对地（水）面第三人损害的侵权责任制度

　　第一节　案例导入 ……………………………………………………… 94
　　第二节　航空器对地（水）面第三人损害的侵权责任制度概述 …… 95
　　第三节　案例练习 ……………………………………………………… 103

104　第十章　通用航空管理制度

　　第一节　案例导入 ……………………………………………………… 104
　　第二节　通用航空管理制度概述 ……………………………………… 105
　　第三节　案例练习 ……………………………………………………… 111

113　第十一章　航空保险制度

　　第一节　案例导入 ……………………………………………………… 113
　　第二节　航空保险制度概述 …………………………………………… 115
　　第三节　案例练习 ……………………………………………………… 120

124　第十二章　航空运输损害诉讼制度

　　第一节　案例导入 ……………………………………………………… 124
　　第二节　航空运输损害诉讼制度概述 ………………………………… 125
　　第三节　案例练习 ……………………………………………………… 130

132　参考文献

第一章
航空法概述

第一节 航空法的定义、调整对象和特征

一、航空法的定义

航空法是20世纪初伴随航空活动的产生和发展逐渐形成的一门法律学科。要厘清航空法的定义,首先要弄清楚什么是航空。航空是指任何器械凭借空气的支撑力,在空气空间运行的活动,也称为空中航行。空中航行通常须具备四个基本要素:第一,空中航行要有赖以活动的场所,即空气空间,也就是空域;第二,空中航行要有适合于飞行的工具,即航空器;第三,空中航行要有合格的人员施行航空活动,即航空人员;第四,空中航行要有地面设施予以保障。地面设施主要是指机场和空中交通管制、导航设施,包括电信、气象等服务,以保障航空器安全起飞、降落和飞行。航空业是高投入、高风险、国际化的行业。要保证航空活动的正常有序开展,必须调整好航空活动产生的各种社会关系,例如航空安全,旅客、托运人与承运人,机场与周边居民等,建立起保证航空活动的正常秩序。把这种关系调整和正常秩序制度化和规范化,并上升为法律,便形成了航空法。

不同学者对如何定义航空法有不同的观点。例如,荷兰航空法专家将航空法定义为:管理空气空间的使用,并使航空、公众和世界各国从中受益的一套规则;法国学者认为,航空法是一套关于飞机、空中航行、航空商业运输以及由国际国内空中航行引起的,公法或私法的全部法律关系的国内国际规则;阿根廷学者的观点是,航空法是一套支配由航空活动引起的经其修改的制度与法律关系的,公法与私法,国际与国内的原则与规范。

有关航空的国际公约和各国的航空法都有以下基本共同点。一是领空主权原则,领空主权原则是航空法的基础。二是航空活动所产生的社会关系,是航空法的主要调整对象。三是民用航空和非民用航空在同一空域中活动时的统一的空中交通规则,实行统一的空中交通管制。广义的航空法是指调整与航空活动有关的各种社会关系之法律规范的总称。狭义的航空法仅指以航空法命名的、规定领空主权、管理空中航行等航空活动的法律。有关各国均制定了专门的航空法,如我国的《中华人民共和国民用航空法》(简称《民用航空法》)、美国的《1958年联邦航空法》、英国的《民用航空法》等,均为狭义的航空法。

二、航空法的调整对象

航空法的调整对象是航空活动所产生的各种社会关系的总和。航空法的调整对象由航空活动的内容决定,但不是调整一切航空活动。此外,也协调民用航空与非民用航空,如与军用航空等的关系。其原因有三个:第一,航空法关于领空主权的规定,是一切航空活动都须遵守的规则;第二,在同一空域中同时进行各种航空活动,不论是民用航空还是军用航空,为了保障飞行安全的需要,都必须接受统一的空中交通管制,遵守统一的空中交通规则;第三,非民用航空部门参与民用航空活动,都必须受航空法有关规定的约束。

具体来说,航空法调整的社会关系表现为:因航空器的使用和管理引起的社会关系;因民用机场的建设、使用和管理引起的社会关系;对空中交通进行管理引起的社会关系;因国际、国内航空运输及通用航空活动引起的社会关系;航空保险关系;民用航空安全的保障等。

三、航空法的特征

1. 综合性

航空法的综合性是指调整航空及其相关领域中产生的社会关系的各种法律手段纵横交错,法律调整的方法多样化,综合在一起构成航空法。航空法既涉及公法又涉及私法。公法领域的航空法主要规定了领空主权、管理空中航行等,如1919年《关于管理空中航行的公约》(简称1919年《巴黎公约》)、1944年《国际民用航空公约》(简称1944年《芝加哥公约》)、1963年《关于在航空器上犯罪以及其他某些行为的公约》(简称1963年《东京公约》)、1970年《关于制止非法劫持航空器的公约》(简称1970年《海牙公约》)、1971年《关于制止危害民用航空安全的非法行为的公约》(简称1971年《蒙特利尔公约》)。私法领域的航空法主要解决航空运输合同、侵权行为等问题,如1929年《统一国际航空运输中某些规则的公约》(简称1929年《华沙公约》)、1999年《统一国际航空运输中某些规则的公约》(简称1999年《蒙特利尔公约》)。

2. 独立性

航空法的独立性是指航空法自成一类,形成了一个独立的法律部门。航空法的独立性是相对的,并不是孤立于一般法律原则之外,也不是脱离其他法律部门而独自存在,而是指其在一般法律中的个性。航空法既是国际法一般理论、原则、规则和方法的延伸和运用,同时又根据航空活动的特性实践,形成适应其特性的具体原则、规则和方法。航空法与外层空间法是相互独立的两个法律部门。随着航空航天飞机的出现,以及利用空间技术为航空器导航和定位等情况的出现,使得航空法与空间法之间的关系越发密切。此外,航空法深受海商法和海洋法的影响。在国际航空立法之初,许多规则是从海洋法与海商法类推或引入进来的。

3. 国际性

航空活动的国际性决定了航空法的国际性。航空法的国际性要求国际上有统一的航空技术标准和统一的航空法律规范。如果没有统一的技术标准,国际空中航行的安全难以得到可靠的保障;如果没有统一的法律规范,国际民用航空活动势必会处处遇到障碍。

第二节　航空法律体系概况

一、国际航空法律体系概况

1. 第一部航空公约：1919年《巴黎公约》

1919年10月13日，各国在巴黎签订了《关于管理空中航行的公约》（即1919年《巴黎公约》），该公约于1922年7月11日生效。这是第一个关于航空的、生效的国际公约，也是第一部最完善、最重要的国际航空法法典，它对于国际航空法的建立和发展具有重要作用。1919年《巴黎公约》确认了国家对其领土上方的空域享有完全的和排他的主权。根据1919年《巴黎公约》第34条的规定，设立了常设的管理机构——国际空中航行委员会（International Commission for Air Navigation，ICAN），并且授予该委员会主要在技术问题上广泛的监管权力。

2. 航空法国际宪章：1944年《芝加哥公约》

1944年12月7日，52个国家在美国芝加哥签署了《国际民用航空公约》（即1944年《芝加哥公约》）以及附属的两个协议《国际航班过境协定》和《国际航空运输协定》。1944年《芝加哥公约》是航空法国际宪章，此后形成的一系列国际公约都是以1944年《芝加哥公约》为基础的。

1944年《芝加哥公约》共22章，为管理世界航空运输奠定了法律基础。国际民用航空组织（International Civil Aviation Organization，ICAO）就是根据1944年《芝加哥公约》的规定成立的。国际民用航空组织各成员国都必须无保留地遵守1944年《芝加哥公约》。此外，1944年《芝加哥公约》现在已有19个附件，这些附件制定了国际民用航空在各领域的国际标准与建议措施，以此作为1944年《芝加哥公约》条款的补充。国际民用航空组织会根据情况的变化不断修改这些附件。由于公约附件对缔约国没有强制约束力，各国应将本国规定和措施与附件规定的国际标准和程序之间的差异立即通知国际民用航空组织。

1944年《芝加哥公约》的主要内容如下。

（1）确认国家航空主权原则：公约规定，缔约各国承认每一国家对其领土之上的空气空间具有完全的、排他的主权。

（2）适用范围：公约只适用于民用航空器。公约第3条规定：公约仅适用于民用航空器，不适用于国家航空器；用于军事、海关和警察部门的航空器，应认为是国家航空器；一缔约国的国家航空器，未经特别协定或其他方式的许可并遵照其中的规定，不得在另一缔约国领土上空飞行或在此领土降落。

（3）定期和不定期航班飞行：公约将国际航空飞行分为定期航班和不定期航班飞行。定期航班飞行需要经领空国许可，不定期航班飞行可以不经领空国许可。但是相当一部分国家对这部分内容做出了保留，要求所有飞行都需要经过领空国的许可才能进入其领空。

（4）国家主权：公约规定各缔约国有权拒绝外国飞机在其内两个地点之间经营商业性客货运输，因军事需要或公共安全的理由可以设置飞行禁区。

（5）设立国际民用航空组织：公约规定了该机构的名称、目的和大会、理事会、航空委员会等的组成及职责。

(6)争议和违约:公约规定缔约国发生争议可提交理事会裁决,或向国际法庭上诉;对空运企业不遵守公约规定者,理事会可停止其飞行权;对违反规定的缔约国,可暂停其在大会、理事会的表决权。

3. 国际航空安保公约:从1963年《东京公约》到2010年《北京公约》《北京议定书》

国际航空安保公约包括1963年《关于在航空器上犯罪其他某些行为的公约》(即1963年《东京公约》),1970年《关于制止非法劫持航空器公约》(简称1970年《海牙公约》),1971年《关于制止危害民用航空安全的非法行为的公约》(简称1971年《蒙特利尔公约》),1988年《关于制止在用于国际民用航空的机场内发生的非法暴力行为以补充1971年9月23日订于蒙特利尔的制止危害民用航空安全的非法行为的公约的议定书》(简称1988年《蒙特利尔议定书》),1991年《关于在可塑炸药中添加识别剂以便探测的公约》(简称1991年《在炸药中添加识别剂公约》),2010年9月10日通过的《关于制止与国际民用航空有关的非法行为的公约》(简称2010年《北京公约》)和《制止非法劫持航空器公约的补充议定书》(简称2010年《北京议定书》),以及2014年4月4日通过的《关于修订〈关于在航空器内的犯罪和犯有某些其他行为的公约〉的议定书》(简称2014年《蒙特利尔议定书》)。这些国际公约共同构成了国际航空安保公约的框架性文件,成为维护和保障国际民用航空安全的基石。

4. 华沙体制:从1929年《华沙公约》到1999年《蒙特利尔公约》

为了统一国际航空运输法律制度,确保旅客或货主在国际航空运输中的权利,并规定航空承运人的相应责任,1929年10月12日,以法国等欧洲国家为主在华沙通过了《统一国际航空运输某些规则的公约》(简称1929年《华沙公约》)。1929年《华沙公约》是国际上第一部重要的航空私法公约,该公约相当完备地规定了运输凭证和航空承运人对于航空器上的旅客、行李或货物所造成的损失的责任的成立、责任追诉程序和损害赔偿限额等一整套国际统一规则。1929年《华沙公约》对平衡承运人和旅客、托运人的利益,规范国际航空运输规则,起到了根本性的作用。但承运人赔偿责任限额一直是《华沙公约》诞生以来争议最大的问题。为此,从1953年起,《华沙公约》进行了一系列的修订或补充,最主要的方面是对赔偿责任限额进行修改提高,制订了一系列修改或补充该公约的国际文件,形成了所谓的"华沙体制"。修订文件包括1955年《修订1929年10月12日在华沙签订的〈统一国际航空运输某些规则的公约〉的议定书》(简称1955年《海牙议定书》),1961年《统一非立约承运人所作国际航空运输的某些规则以补充华沙公约的公约》(简称1961年《瓜达拉哈拉公约》),1966年《蒙特利尔协议》,1971年《修订经1955年9月28日在海牙修订1929年10月12日在华沙签订的〈统一国际航空运输某些规则的公约〉的议定书》(简称1971年《危地马拉城议定书》),1975年《修订1929年10月12日在华沙签订的〈统一国际航空运输某些规则的公约〉的第一号附加议定书》(简称《1975年蒙特利尔第一号附加议定书》),1975年《修订1929年10月12日在华沙签订的〈统一国际航空运输某些规则的公约〉第二号附加议定书》(简称《1975年蒙特利尔第二号附加议定书》),1975年《修订1929年10月12日在华沙签订的〈统一国际航空运输某些规则的公约〉的第三号附加议定书》(简称《1975年蒙特利尔第三号附加议定书》),1975年《修订1929年10月12日在华沙签订的〈统一国际航空运输某些规则的公约〉的第四号附加议定书》(简称《1975年蒙特利尔第四号附加议定书》)。

新的《统一国际航空运输某些规则的公约》于1999年5月10日至28日在加拿大蒙特

利尔召开的国际民航组织大会上正式通过(简称1999年《蒙特利尔公约》),并于2003年11月4日正式生效。该公约于2005年7月31日起对我国正式生效。1999年《蒙特利尔公约》是华沙公约现代化的成果,取代了已适用70多年的1929年《华沙公约》及其修正的系列公约、议定书,实现了1929年《华沙公约》及其相关文件的现代化和一体化,使得规范国际航空运输的法律制度走向完整、统一,从而为航空事故在恢复性赔偿原则的基础上提供公平赔偿,为国际航空运输业各方的利益平衡和健康有序的竞争提供了通用的法律标准。

5. 航空器权利公约:1948年《日内瓦公约》、2001年《开普敦公约》和《航空器议定书》

1948年,在日内瓦召开的国际民用航空组织大会上通过了《国际承认航空器权利的公约》(简称1948年《日内瓦公约》)。1948年《日内瓦公约》规定缔约各国承允、承认以下权利:①拥有航空器所有权的权利;②航空器占有人通过购买取得该航空器所有权的权利;③租赁航空器为期六个月以上的使用航空器的权利;④为担保偿付债务而协议设定的航空器抵押权、质押权和任何类似权利,但这些权利必须符合下列条件,即权利的设立符合该航空器进行国籍登记的缔约国在设定该权利时的法律,并经合法地登记在该航空器进行国籍登记的缔约国的公共登记簿内。这些权利连续在不同缔约国中登记的合法性,按照每次登记时该航空器进行国籍登记的缔约国的法律予以确定。

随着国际航空运输业的快速发展,航空器融资问题越来越突出。航空器抵押权虽有1948年《日内瓦公约》的确认,但是要在世界各国得到普遍实施依然存在一定的障碍。2001年国际统一私法协会和国际民航组织在南非开普敦召开外交会议。在外交会议上,共有26个国家签署了《移动设备国际利益公约》(简称2001年《开普敦公约》)及《移动设备国际利益公约关于航空器设备特定问题的议定书》(简称2001年《航空器议定书》),公约和议定书分别于2004年4月1日和2006年3月1日生效。这两个法律文件旨在促进高价值移动设备的融资租赁交易,通过强化债权人利益,减少债权人、出租人的交易风险来降低购买、租赁航空器的国外融资利率和担保费用,同时为融资多样化创造条件。创设了航空器国际利益这一担保权利,该权利通过国际登记系统登记而生效,由各国依据公约来保护该权利。2001年《开普敦公约》和《航空器议定书》弥补了1948年《日内瓦公约》的不足,共同为保护航空器权利人的利益提供了法律基础。

6. 对地(水)面第三人的损害赔偿制度:1952年《罗马公约》

1933年,在罗马通过了《统一有关航空器对地(水)面第三方造成损害的某些规则的公约》(简称1933年《罗马公约》),然而,这个公约并未被国际社会所普遍接受。国际民航组织成立后,又重新启动了这一公约的立法进程。国际民航组织法律委员会第五次和第七次会议研究了1933年《罗马公约》的修改问题,会议准备了一份更为详细的公约草案,并于1952年9月和10月在罗马举行的国际会议上对这项草案进行了研究。

1952年10月7日,会议通过了《关于外国航空器对地(水)面第三方造成损害的公约》(简称1952年《罗马公约》),该公约签署国既确保了在地(水)面上受外国航空器损害的第三方获得适当的赔偿,同时合理地限制了由此损害而引起的责任范围,使其不阻碍国际民用航空运输的发展。该公约认为有必要通过一种国际公约,在最大可能的范围内统一世界各国适用于此种损害所引起的责任规则。1978年国际民航组织在蒙特利尔会议上通过了旨在修订1952年《罗马公约》的议定书。

由于《罗马公约》下的责任体制和赔偿责任限额未能达成共识,尤其是某些航空运输大国认为该公约的赔偿责任限额太低,未能对受害人提供充分的保护,公约并未被国际社会所广泛接受。2004年5月,国际民航组织理事会决定成立一个特别小组推进《罗马公约》现代化工作。《罗马公约》现代化特别小组共召开了六次会议,草拟出了两个公约草案:一个是针对普通风险的公约,另一个是针对非法干扰的公约。特别小组强调双重目的——既保护受害者又保护民用航空业。特别小组得出结论:对于针对非法干扰的公约,要实现这两个目的就必须有补充赔偿机制,这也是罗马公约现代化进程中的最大亮点。2009年5月,在国际民航组织主持下的国际航空法会议上,《关于外国航空器对第三方造成损害的赔偿的公约》和《关于因涉及航空器的非法干扰行为而导致对第三方造成损害的赔偿的公约》获得通过。

二、我国航空法律体系概况

(一)我国航空法律体系总体情况

我国现行的航空法律体系主要集中在民用航空领域,由民用航空法、民航行政法规、民航规章、其他民航规范性文件组成。首先,在法律体系的发展方面,始终坚持将安全保障方面的法律法规作为体系建设的核心,将安全管理的内容贯穿于各效力等级的规范性文件。其次,在法律规范事项内容方面,涵盖民用航空器、民用航空人员、民用机场、空中航行、公共航空运输企业、公共航空运输、通用航空、民用航空安全保卫、航空器搜寻援救和事故调查、对地面第三人损害的赔偿责任等。再次,重构了通用航空法规体系,颁布了通航法规体系框架,使民航法律体系更加完整。最后,在不断完善规章标准的同时,还积极探索提升立法质量的途径,制定了《中国民用航空局规章立法后评估规定》,为修改或者废止政府规章、完善配套制度和改进执法工作提供了重要依据。此外,为了保证民航法规体系的统一性,建立了民航规章和规范性文件清理的常态机制。

(二)重要的航空法律法规

1. 法律:《中华人民共和国民用航空法》

1995年10月30日,第八届全国人大常委会第十六次会议通过了新中国历史上航空和民航领域的第一部法律——《中华人民共和国民用航空法》。《民用航空法》的颁布,确立了我国民用航空基本法律制度,丰富了中国特色社会主义法律体系,是我国民用航空事业发展史、法治民航建设进程中具有里程碑意义的大事。它规定了我国民用航空的基本法律制度,是制定其他民航法规规章的基本依据。《民用航空法》的制定及历次修订如表1-1所示。

表1-1 《民用航空法》制定及历次修订一览表

类　型	文件名称	文　号	立法主体及时间
制定	中华人民共和国民用航空法	中华人民共和国主席令第56号	经1995年10月30日第八届全国人民代表大会常务委员会第十六次会议通过,1996年3月1日实施
第一次修订	全国人民代表大会常务委员会关于修改部分法律的决定	中华人民共和国主席令第18号	经2009年8月27日第十一届全国人民代表大会常务委员会第十次会议通过,2009年8月27日实施

续表

类　型	文件名称	文　号	立法主体及时间
第二次修订	全国人民代表大会常务委员会关于修改《中华人民共和国计量法》等五部法律的决定	中华人民共和国主席令第26号	经2015年4月24日第十二届全国人民代表大会常务委员会第十四次会议通过,2015年4月24日实施
第三次修订	关于修改《中华人民共和国对外贸易法》等十二部法律的决定	中华人民共和国主席令第57号	经2016年11月7日第十二届全国人民代表大会常务委员会第二十四次会议通过,2016年11月7日实施
第四次修订	关于修改《中华人民共和国会计法》等十一部法律的决定	中华人民共和国主席令第81号	经2017年11月4日第十二届全国人民代表大会常务委员会第三十次会议通过,2017年11月5日实施
第五次修订	关于修改《中华人民共和国劳动法》等七部法律的决定	中华人民共和国主席令第24号	经2018年12月29日第十三届全国人民代表大会常务委员会第七次会议通过,2018年12月29日实施
第六次修订	关于修改《中华人民共和国道路交通安全法》等八部法律的决定	中华人民共和国主席令第81号	经2021年4月29日第十三届全国人民代表大会常务委员会第二十八次会议通过,2021年4月29日实施

1) 第一次修订的内容

将《中华人民共和国民用航空法》第一百九十四条、第一百九十六条、第一百九十八条、第一百九十九条中的"依照刑法第×条的规定""比照刑法第×条的规定"修改为"依照刑法有关规定"。

2) 第二次修订的内容

(1) 删去第六十八条中的"会同国务院财政部门、物价主管部门"。

(2) 将第九十二条修改为:"企业从事公共航空运输,应当向国务院民用航空主管部门申请领取经营许可证。"

(3) 将第九十三条中的"设立公共航空运输企业"修改为"取得公共航空运输经营许可"。

(4) 将第九十七条第三款修改为:"国际航空运输运价的制定按照中华人民共和国政府与外国政府签订的协定、协议的规定执行;没有协定、协议的,参照国际航空运输市场价格确定。"

(5) 删去第二百一十一条中的"对被吊销经营许可证的,工商行政管理部门应吊销其营业执照"。

3) 第三次修订的内容

删去第三十九条第一项中的"领航员""飞行通信员"。

4) 第四次修订的内容

(1) 将第六十四条第一款修改为:"设立国际机场,由机场所在地省级人民政府报请国务院审查批准。"

(2) 将第一百四十七条第一款修改为:"从事非经营性通用航空的,应当向国务院民用航空主管部门备案。"

(3) 第二百一十一条增加一款,作为第二款:"从事非经营性通用航空未向国务院民用航空主管部门备案的,由国务院民用航空主管部门责令改正;逾期未改正的,处三万元以下罚款。"

5) 第五次修订的内容

(1) 将第六十二条修改为:"国务院民用航空主管部门规定的对公众开放的民用机场应当取得机场使用许可证,方可开放使用。其他民用机场应当按照国务院民用航空主管部门的规定进行备案。

申请取得机场使用许可证,应当具备下列条件,并按照国家规定经验收合格:

① 具备与其运营业务相适应的飞行区、航站区、工作区以及服务设施和人员;

② 具备能够保障飞行安全的空中交通管制、通信导航、气象等设施和人员;

③ 具备符合国家规定的安全保卫条件;

④ 具备处理特殊情况的应急计划以及相应的设施和人员;

⑤ 具备国务院民用航空主管部门规定的其他条件。

国际机场还应当具备国际通航条件,设立海关和其他口岸检查机关。"

(2) 删去第一百零三条中的"检疫"。

(3) 在第二百一十三条后增加一条,作为第二百一十四条:"国务院、中央军事委员会对无人驾驶航空器的管理另有规定的,从其规定。"

6) 第六次修订的内容

(1) 将第六十四条第一款修改为:"设立国际机场,由机场所在地省级人民政府报请国务院审查批准。"

(2) 将第一百四十七条第一款修改为:"从事非经营性通用航空的,应当向国务院民用航空主管部门备案。"

(3) 第二百一十一条增加一款,作为第二款:"从事非经营性通用航空未向国务院民用航空主管部门备案的,由国务院民用航空主管部门责令改正;逾期未改正的,处三万元以下罚款。"

2. **民航行政法规**

在民用航空领域,现行有效的行政法规有 10 余部,包括 2020 年修订的《中华人民共和国民用航空器国籍登记条例》、2019 年修订的《民用机场管理条例》、2019 年修订的《外国民用航空器飞行管理规则》、2014 年修订的《国务院关于通用航空管理的暂行规定》、2011 年修订的《中华人民共和国民用航空安全保卫条例》、2007 年修订的《中华人民共和国飞行基本规则》、2006 年经国务院批准的《国内航空运输承运人赔偿责任限额规定》,以及 2003 年制定的《通用航空飞行管制条例》、1997 年制定的《中华人民共和国民用航空器权利登记条例》、1992 年制定的《中华人民共和国搜寻援救民用航空器规定》、1989 年制定的《民用航空运输不定期飞行管理暂行规定》、1987 年制定的《中华人民共和国民用航空器适航管理条例》等。

3. **国务院发布的行政规范性文件**

国务院发布的行政规范性文件主要包括《国务院批转民航总局公安部关于组建民航公安机构的请示报告》《国务院关于加强民航安全工作的紧急通知》《国务院关于加强交通运输安全工作的决定》《国务院、中央军委关于加强机场地面安全措施的通知》《国务院关于保障民用航空安全的通告》《国务院批转中国民用航空局关于加强民用航空安全管理意见》《国务院关于加强民用航空安全工作的通知》《国务院批转中国民用航空局关于成立民用机场管理委员会请示的通知》《关于建设机场和合用机场审批程序的若干规定》《军民合用机场使用管理的若干暂行规定》《关于使用飞机执行各项专业任务的规定》等。

4. 民航规章

民航规章在民航法规体系中内容最广、数量最多，截至目前，现行有效的民航规章有100多部。民航规章体系具有三个方面的特点。一是国际性。民用航空市场国际性强，国际民航组织颁布的大量公约、协定、标准，我们要与之接轨，且欧美民航发展水平较高，我们需要吸收借鉴其法律法规的有益成分，为我所用。二是及时性。我国民航业正处于快速发展期，改革开放持续深入，安全管理理念和手段不断创新。民航规章体系要做到与时俱进，紧跟行业发展的特点，及时推陈出新，不断丰富完善。三是技术性。在民航规章体系中，与安全相关的技术规章占了较大比重。特别是在飞行标准、适航管理等领域，存在大量技术标准性质的规章。这决定了在立法过程中，要积极发挥技术专家的作用，保证规章的科学性和可行性。具有代表性的民航规章主要有《民用航空器国籍登记规定》《正常类飞机适航规定》《民用机场建设管理规定》《运输机场使用许可规定》《运输机场运行安全管理规定》《一般运行和飞行规则》《民用航空安全管理规定》《大型飞机公共航空运输承运人运行合格审定规则》《通用航空经营许可管理规定》《小型商业运输和空中游览运营人运行合格审定规则》《特殊商业和私用大型航空器运营人运行合格审定规则》《民用航空运输机场航空安全保卫规则》《公共航空旅客运输飞行中安全保卫工作规则》《公共航空运输旅客服务管理规定》《中国民用航空货物国际运输规则》《中国民用航空货物国内运输规则》《民用航空行政处罚实施办法》《中国民用航空监察员管理规定》等。

5. 民航规范性文件

依据2007年颁布的《中国民用航空总局职能部门规范性文件制定程序规定》，民航领域发布的规范性文件分为五类，即航空管理程序（Aviation Procedure，AP）、咨询通告（Advisory Circular，AC）、管理文件（Management Document，MD）、工作手册（Working Manual，WM）、信息通告（Information Bulletin，IB）。2018年，中国民用航空局依据国务院办公厅发布《关于加强行政规范性文件制定和监督管理工作的通知》的文件精神，发布了《民航局关于落实国办37号文要求开展行政规范性文件合法性审核工作的通知》，开始推进民航领域行政规范性文件合法性审核工作，同时暂停依据《中国民用航空总局职能部门规范性文件制定程序规定》制定行政规范性文件。

第二章 航空组织

第一节 国际航空组织

一、国际民用航空组织

1. 国际民用航空组织概况

国际民用航空组织简称国际民航组织,是协调各国有关民航经济和法律事务,并制定各种民航技术标准和航行规则的国际组织,该组织由大会、理事会和其他必要的各种机构组成,总部设在加拿大蒙特利尔。

1944年11月至12月,52个国家在芝加哥召开了国际会议,签订了1944年《芝加哥公约》,按照公约规定成立了"临时国际民航组织"。1947年4月4日《芝加哥公约》正式生效,国际民航组织正式成立,并于同年5月6日召开了第一次大会。1946年,联合国与国际民航组织签订了一项关于它们之间关系的协议,并于1947年生效,国际民航组织成为联合国的专门机构。

国际民用航空组织的宗旨和目的在于发展国际航行的原则和技术,并促进国际航空运输的规划和发展,以保证全世界国际民用航空安全和有秩序地发展;鼓励为和平用途的航空器的设计和操作艺术;鼓励发展国际民用航空应用的航路、机场和航行设施;满足世界人民对安全、正常、有效和经济的航空运输的需要;防止因不合理的竞争而造成经济上的浪费;保证缔约各国的权利充分受到尊重,每一缔约国均有经营国际空运企业的公平的机会;避免缔约各国之间的差别待遇;促进国际航行的飞行安全;普遍促进国际民用航空在各方面的发展。这九项共涉及国际航行和国际航空运输两个方面问题。前者为技术问题,主要是安全;后者为经济和法律问题,主要是公平合理、尊重主权。

2. 国际民用航空组织的机构组成

1) 大会

大会是国际民航组织的最高权力机构,由全体成员国组成。大会由理事会在适当的时间和地点每三年至少召开一次。经理事会召集或经五分之一以上的缔约国向秘书长提出要求,可以随时举行大会特别会议。所有缔约国在大会会议上都有同等的代表权,每一缔约国应有一票的表决权,缔约各国代表可以由技术顾问协助,顾问可以参加会议,但无表决权。大会会议必须有过半数的缔约国构成法定人数,大会决议应由所投票数的过半数票通过。大会召开期间,一般分为大会、行政、技术、法律、经济五个委员会对各项事宜进行讨论和决定,然后交大会审议。

大会的权力和职责:在每次会议上选举主席和其他职员;选举参加理事会的缔约国;审查理事会各项报告,对报告采取适当行为,并就理事会向大会提出的任何事项作出决定;决定大会本身的议事规则,并设置其认为必要的或适宜的各种附属委员会;表决各年度预算,并决定财务安排;审查支出费用,并批准账目;根据自己的决定,将其职权范围内的任何事项交给理事会、附属委员会或任何其他机构处理;赋予理事会为行使本组织职责所必需的或适宜的权力和职权,并随时撤销或变更所赋予的职权;审议有关变更或修正《芝加哥公约》条款的提案;处理职权范围内未经明确指定归理事会处理的任何事项。

2) 理事会

理事会是国际民航组织的日常管理机构。理事会设主席一名。主席由理事会选举产生,任期三年,可连选连任。理事会主席无表决权,职责包括召集理事会、航空运输委员会及航行委员会的会议;充任理事会的代表;以理事会的名义执行理事会委派的任务。理事会每年召开三次会议,每次会议会期约为两个月。理事会下设财务、技术合作、非法干扰、航行、新航行系统、运输、联营导航、爱德华奖八个委员会。每次理事会开会前,各委员会先分别开会,以便将文件、报告或问题提交理事会。理事会的决议需经过半数理事同意。理事会对任一特定事项可以授权由其理事组成的一委员会处理。对理事会任何委员会的决议,有关缔约国可以向理事会申诉。任何缔约国在理事会及其委员会和专门委员会审议特别影响该国利益的任何问题时,可以参加会议,但无表决权。理事会成员国在理事会审议一项争端时,如其本身为争端的一方,则不得参加表决。

理事会的主要职责:执行大会授予并向大会报告本组织及各国执行公约的情况;管理本组织财务;领导属下各机构工作;通过公约附件;向缔约各国通报有关情况,以及设立运输委员会,研究、参与国际航空运输发展和经营有关的问题并通报成员国,对争端和违反《芝加哥公约》的行为进行裁决等。

3) 秘书处

秘书处是国际民航组织的常设行政机构,由秘书长负责保证国际民航组织各项工作的顺利进行。秘书长由理事会任命。秘书处下设航行局、航空运输局、法律局、技术合作局、行政局五个局以及财务处、外事处。此外,秘书处有一个地区事务处和七个地区办事处及一个地区分办事处。地区办事处直接由秘书长领导,主要任务是建立和帮助缔约各国实行国际民航组织制定的国际标准和建设措施以及地区规划。

3. **国际民用航空组织的主要工作**

国际民航组织的主要工作是研究国际民用航空的问题,制定民用航空的国际标准和规章,鼓励使用安全措施、统一业务规章和简化国际边界手续,发展国际航行的原则和技术。其工作重点包括以下几方面。

(1) 立法。修订现行国际民航法规条款并制定新的法律文件。

(2) 制定航行标准。制定并刷新关于航行的国际技术标准和建议措施是国际民航组织最主要的工作。

(3) 安全监察。为各国在志愿的基础上接受国际民航组织对其航空当局安全规章的完善程度以及航空公司的运行安全水平进行评估。这一规划已在第32届大会上发展成为强制性的"航空安全审计"计划。

(4) 制止非法干扰。敦促各缔约国按照《芝加哥公约》附件17规定的标准和建议措施，特别加强机场的安全保卫工作，同时大力开展国际民航组织的安全保卫培训规划。

(5) 实施新航行系统。新航行系统是集计算机网络技术、卫星导航和通信技术以及高速数字数据通信技术为一体的革命性导航系统。要求攻克的难题包括：卫星导航服务的法律框架、运行机构、全球、各地区和各国实施进度的协调与合作、融资与成本回收等。

(6) 航空运输服务管理制度。国际民航组织在航空运输领域的重点工作为"简化手续"。国际民航组织只是研究全球经济大环境变化对航空运输管理制度的影响，为各国提供分析报告和建议，为航空运输中的某些业务制订规范。

(7) 统计。《芝加哥公约》第54条规定，理事会必须要求收集、审议和公布统计资料，各国均有义务报送这些资料。

(8) 技术合作。鉴于不少发展中国家引进民航新技术主要依靠外来资金，国际民航组织强调必须继续维持其技术合作机制；资金的来源，一是靠发达国家捐款，二是靠受援助国自筹，委托给国际民航组织技术合作局实施。

(9) 培训。国际民航组织向各国和各地区的民航训练学院提供援助，使其能向各国人员提供民航各专业领域的在职培训和国外训练。

4. 国际民用航空组织的法律地位

国际法主体具有三个特征：必须具有独立进行国际交往的能力；必须具有直接地享有国际法赋予的权利；必须构成国际社会中地位平等的实体。《芝加哥公约》第47条规定：本组织在缔约国领土内应享有为履行其职能所必需的法律能力。凡与有关国家的宪法和法律不相抵触时，都应承认其完全的法人资格。同时，公约还详尽规定了国际民航组织在国际交往中应享有的权利和承担的义务。由此可见，国际民航组织是国际法主体。

根据《芝加哥公约》第21章的规定，国际民航组织是各主权国家以自己本国政府的名义参加的官方国际组织，取得国际民航组织成员资格的法律主体是国家，代表这些国家的是其合法政府。由此可见，国际民航组织是政府间的国际组织，是联合国的专门机构。

5. 我国与国际民用航空组织

我国于1944年12月9日成为国际民航组织的成员国，是创始国之一。中华人民共和国政府于1974年2月15日继承该公约，同时决定参加国际民用航空组织的活动。自1974年第21届大会起，我国连续当选为二类理事国。2004年10月2日，在第35届大会上我国高票当选当该组织一类理事国。在2010年国际民航组织第37届大会上，我国第三次高票连任国际民航组织一类理事国。加上之后的2013年、2016年、2019年、2022年，我国已连续七次当选国际民用航空组织一类理事国。

2010年8—9月，国际民航组织在北京举行了国际航空保安公约外交大会，全球近八十个国家和组织的三百多名代表和国际民航组织高级官员参加会议。大会经过磋商最终产生了新的国际多边条约正式案文，有六十多个授权国代表签署了民航史上第一个以我国城市命名的国际公约——《北京公约》和《北京议定书》。

2015年8月1日中国籍柳芳博士正式出任国际民用航空组织秘书长,任期三年,2018年连任。她是国际民用航空组织历史上首位中国籍秘书长,也是首位女性秘书长。

二、国际航空运输协会

1. 国际航空运输协会概况

国际航空运输协会(International Air Transport Association, IATA)简称国际航协,是世界范围内国际航空公司间的行业性的民间组织,主要吸收从事国际航空运输的航空公司参加,也吸收仅从事国内航空运输的航空公司参加。国际航空运输协会总部设在加拿大蒙特利尔,执行机构设在日内瓦。

1944年12月,出席芝加哥国际民航会议的一些政府代表和顾问以及空运企业的代表聚会,商定成立一个委员会为新的组织起草章程。1945年4月16日在哈瓦那会议上修改并通过了草案章程后,国际航空运输协会成立。

国际航协的宗旨是为了世界人民的利益,促进安全、正常而经济的航空运输;给直接或间接从事国际航空运输工作的各空运企业提供合作的途径;与国际民航组织以及其他国际组织通力合作。其会员分为正式会员和准会员两类。正式会员向直接从事国际经营的航空公司开放,准会员身份只向国内航空公司开放。成为正式会员必须符合两个条件:批准其申请的政府是有资格成为国际民航组织成员的国家政府;在两个或两个以上国家间从事航空服务。

2. 国际航空运输协会的组织机构

国际航协的最高权力机构为全体会议。每年举行一次会议,经执行委员会召集,也可随时召开特别会议。所有正式会员在决议中都拥有平等的一票表决权,如果不能参加,也可授权另一正式会员代表其出席会议并表决。全体会议的决定以多数票通过。在全体会议上,审议的问题只限于涉及国际航空运输协会本身的重大问题,如选举协会的主席和执行委员会委员、成立有关的委员会以及审议本组织的财政问题等。

执行委员会是全体会议的代表机构,对外全权代表国际航空运输协会。执行委员会成员必须是正式会员的代表,任期分别为一年、二年和三年。执行委员会的职责,包括管理协会的财产、设置分支机构、制定协会的政策等。执行委员会的理事长是国际航协的最高行政和执行官员,在执行委员会的监督和授权下行使职责并对执行委员会负责。

常设委员会有运输业务、技术、财务和法律委员会,由单一会员航空公司提名的专家组成。国际航空运输协会运输委员会在关于国际航空运输的所有商务事务方面向执行委员会和会长提供咨询并监督运输会议的工作。

秘书处是办事机构,由会长牵头的一批工作人员组成,协助国际航空运输协会大会和委员会的会议和种种运输会议,还发挥着包括向会员航空公司和其他机构提供各种服务的职能。

3. 国际航空运输协会的主要职能

国际航协的主要职能包括:制定统一的运输规则与条件,统一国际航空运输规章制度,推动航运业务、票务作业程序的标准化;开展业务代理,协调相互利用设备并提供最新资讯;协助各会员公司改善机场布局和程序、标准,以提高机场运营效率;通过清算所,统一结算各会员间以及会员与非会员间联运业务账目;帮助发展中国家航空公司培训高级和专门人员等。

具体而言,在运输服务方面,国际航空运输协会制定一整套完整的标准和措施以便在客票、货运单和其他有关凭证以及对旅客、行李和货物的管理方面建立统一和程序。在运价协调方面,通过召开运输会议确定运价,经有关国家批准后即可生效。在代理人事务方面,协会在1952年制定了代理标准协议,为航空公司与代理人之间的关系设置了模式。在法律工作方面,主要是为世界航空的平稳运作而设立文件和程序的标准;为会员提供民用航空法律方面的咨询和诉讼服务;在国际航空立法中,表达航空运输承运人的观点。

4. **国际航空运输协会的法律地位**

国际航空运输协会从组织形式上是一个航空企业的行业联盟,设立原则是会员自主,属于非政府间的自愿组织。发挥着通过航空运输企业来协调和沟通政府间政策,解决实际运作困难的重要作用。但是由于大多数国家的航空公司是国家所有,即使非国有的航空公司也受到所属国政府的强力参与或控制,其制定运价的活动也必须在各国政府授权下进行,其清算所对全世界联运票价的结算是一项有助于世界空运发展的公益事业,因而国际航协发挥着通过航空运输企业来协调和沟通政府间政策,解决实际运作困难的重要作用。因此,国际航协实际上是一个半官方组织。

5. **我国与国际航空运输协会**

中国国际航空公司、中国东方航空公司和中国南方航空公司于1993年最先加入国际航空运输协会。1996年,中国北方航空公司、中国西北航空公司和中国西南航空公司正式加入该组织。1997年,中国西南航空公司正式成为国际航协的多边联运协议成员。厦门航空公司、中国新疆航空公司、中国云南航空公司和上海航空公司于1998年,海南航空公司于2000年,山东航空公司于2001年,深圳航空公司于2002年加入国际航空运输协会。目前,中国共有29家航空公司成为国际航协会员公司。1994年4月15日,国际航空运输协会在北京设立了中国代理人事务办事处。

三、国际机场理事会

1. **国际机场理事会概况**

国际机场理事会(Airports Council International,ACI),原名为国际机场联合协会(Airports Association Council International,AACI)。于1991年1月成立,1993年1月1日改称国际机场理事会。国际机场理事会总部设在日内瓦,由六个地区分会组成:非洲地区分会、亚洲地区分会、欧洲地区分会、拉丁美洲/加勒比海地区分会、北美地区分会和太平洋地区分会。

国际机场理事会成立以前,世界机场行业有三个国际性组织:国际机场经营者协会、国际民航机场协会和西欧机场协会。为协调三个机场协会之间的关系,建立与各政府机构、航空公司、生产商和其他有关方面的正式联系。1970年,机场协会协调委员会成立。1985年,西欧机场协会解散。1991年1月,机场协会协调委员会与国际机场经营者协会和国际民用机场协会合并为国际机场联合协会,1993年1月正式更名为国际机场理事会。

国际机场理事会的宗旨是加强各成员与全世界民航业各个组织和机构的合作,包括政府部门、航空公司和飞机制造商等,并通过这种合作促进建立一个安全、有效、与环境和谐的航空运输体系。国际机场理事会的发展目标如下。

(1)保持和发展世界各地民用机场之间的合作,相互帮助。

(2)就各成员机场所关心的问题,明确立场,形成惯例,以"机场之声"的名义集中发布和推广这些立场和惯例。

(3)制定加强民航业各方面合作的政策和惯例,形成一个安全、稳定、与自然环境相适应的高效的航空运输体系,推动旅游业和货运业乃至各国和世界经济的发展。

(4)在信息系统、通信、基础设施、环保、金融、市场、公共关系、经营和维修等领域内交流有关提高机场管理水平的信息。

(5)向国际机场理事会的各地区机构提供援助,协助其实现上述目标。

2. **国际机场理事会的组织机构**

国际机场理事会的组织机构分为大会、监事会、执行委员会和地区分支机构。大会选出主席作为本理事会的最高领导,即监事会总干事,负责理事会的行政事务和管理。理事会分永久会员和临时会员两种会员资格。国际机场理事会有五个常务委员会,就其各自范围内的专业制定有关规定和政策。

(1)技术和安全委员会。其职责主要涉及缓解空域和机场拥挤状况;未来航空航行系统;跑道物流特征;滑行道和停机坪;目视助航设备;机场设备;站坪安全和场内车辆运行;机场应急计划;消防救援;破损飞机拖移等。

(2)环境委员会。其职责主要涉及喷气式飞机、螺旋桨飞机和直升飞机的噪声检测;与噪声有关的运行限制;发动机排放物及空气污染;机场附近土地使用规划;发动机地面测试;跑道化学物质除冰;燃油储存及泼溅;除雾;鸟类控制等。

(3)经济委员会。其职责主要涉及机场收费系统;安全、噪声和旅客服务收费;用户咨询;商业用地收入及发展;高峰小时收费;硬软货币;财务统计;机场融资及所有权;纳税;各种影响经济的因素;航空公司政策变动、合并事项,航空运输协议的签署,航空业与其他高速交通方式的竞争;计算机订票系统。

(4)安全委员会。其职责主要涉及空陆侧安全;隔离区管理措施;航空安全技术;安全与设备之间的内在关系等。

(5)简化手续和便利客户流程委员会。其职责主要涉及客、货、邮件处理设备;旅客及货物的自动化设备;对付危险物品、走私毒品的措施;设备与安全之间的内在关系等。

3. **国际机场理事会的法律地位**

国际机场理事会是全世界所有机场的行业协会,代表并体现了全体成员的共同立场,反映了机场共同利益,是一个非营利性的组织。国际机场理事会在国际民航组织内享有观察员身份;在联合国经济理事会担任顾问。

四、其他具有代表性的国际航空组织

1. **航空公司驾驶员协会国际联合会**

航空公司驾驶员协会国际联合会(International Federation of Airline Pilots Associations,

IFALPA),总部设在伦敦,并在蒙特利尔设有办事处。国际民航组织于1952年承认该联合会是代表驾驶员意见的非政府性国际组织。其宗旨是协助建立安全和有秩序的航空运输体系和保护航空公司驾驶员的利益。下设12个研究组,对航空器事故、机场设备、航空器适航性、全天候飞行、航空运输企业、法律、医学、气象、人员执照、超音速运输机、空中规则、空中交通管制和通信等方面进行研究,发表意见。

2. 空中交通管制员协会国际联合会

空中交通管制员协会国际联合会(International Federation of Air Traffic Controllers Associations,IFATCA)成立于1961年10月,总部设在英国苏格兰埃尔郡特隆城。其宗旨是促进国际空中航行的安全、快速和正常发展;对空中交通管制系统提出建议;促进空中交通管制人员知识水平的提高;保障空中交通管制业的利益等。

3. 国际货物发运人协会

国际货物发运人协会(The International Federation of Freight Forwarders Association,FIATA)成立于1926年。其本身是一个非营利性组织,会员不仅限于货运代理企业,还包括海关、船舶代理、空运代理、仓库业和汽车运输业等。其任务是协助各国的货运代理组织和同行业联合起来,在各种国际会议中代表货物发运人的利益。FIATA下设10个技术委员会,其中之一为航空学会,它的主要任务是促进和维护货运代理在航空货运方面的利益,协调世界范围内各国货运代理协会的活动。

4. 航空无线电委员会

航空无线电委员会(Radio Technical Commission for Aeronautics,RTCA),成立于1935年,由美国民间非营利性股份公司运作。其主要针对航空领域内的通信导航监视和空中交通管理系统问题,提出一致性的建议;主要履行联邦咨询委员会的职责。航空无线电委员会与政府和企业进行合作,针对航空用户的实际需求,对航空系统和技术的运行使用提出指导。

5. 欧洲民用航空委员会

欧洲民用航空委员会(European Civil Aviation Conference,ECAC)也称欧洲民航会议,是欧洲国家政府间区域性的国际组织,于1955年11月成立。每三年举行一次大会,在紧急情况下,由民航局长会议作为委员会结构中的主要领导机关。其主要目的是广泛审议欧洲航空运输的发展状况,以促进航空运输协调、秩序地发展,并研究在此领域中产生的特殊问题。

6. 拉丁美洲民用航空委员会

拉丁美洲民用航空委员会于1973年正式成立,是中美洲、南美洲、加勒比和墨西哥地区的国家组成的政府间区域性国际组织。该委员会主要是成员国民航当局讨论加强本地区民航活动的协调和合作的场所,是一个咨询机构。该委员会所通过的决定只有经各有关国家批准后才具有效力。

7. 非洲民用航空委员会

非洲民用航空委员会于1969年1月成立,是非洲地区国家组成的一个政府间区域性组织。该委员会的宗旨是保证民航运输在非洲有效率地和经济地生存的条件。其最高权力机关为全体大会，而行政事务和协调各届大会之间委员会的工作由执行局负责。

8．阿拉伯国家民用航空理事会

阿拉伯国家民用航空理事会于1967年10月正式成立，总部设在开罗。该理事会成立的依据是《阿拉伯联盟公约》，是阿拉伯国家政府间区域性组织。每年举行两次会议，由选举产生的理事会主席担任行政长官。宗旨是制定有关航空运输的原则、技术和经济政策，鼓励和促进阿拉伯国家和世界国际航空运输业的发展。

第二节　我国的航空组织

一、我国内地的航空组织

我国内地的航空组织主要有中国航空运输协会、中国民用机场协会、中国民用航空维修协会、中国通用航空协会等。

中国航空运输协会（China Air Transpor Association，CATA）是以民用航空公司为主体，由企事业法人和社团法人自愿参加组成的、行业性的、不以营利为目的的全国性社团法人。CATA成立于2005年，经民政部核准登记注册，主管部门为中国民用航空局。分支机构有航空安全工作委员会、通用航空分会、航空运输销售代理分会、航空食品分会、航空油料分会、教育培训和文化分会、客舱乘务委员会、法律委员会、财务金融审计工作委员会、收入会计工作委员会、航空环境保护委员会、科技和信息化委员会、航空物流委员会、海峡两岸航空运输交流委员会、航空物流发展基金管理委员会。中国航空运输协会有权开展行业自律，推进诚信体系建设，如制定民航业自律规则、行业标准和业务规范，并监督实施；为会员提供相关服务业务以及业务评估评价工作，维护市场秩序；监督、检查会员行为，对违反法律、法规或者协会章程及自律规则的会员，经理事会表决通过后，中国航空运输协会可以根据情况对该会员给予行业处分，按照严重程度分为警告、通报批评、暂停行使会员权利、除名。

中国民用机场协会（China Civil Airport Association，CCAA）是民用机场及相关企事业单位、社会团体自愿结成的全国性、行业性社会团体。2006年经民政部核准登记注册成立，2021年5月完成脱钩改革。登记管理机关是民政部，党建工作机构是中央和国家机关工作委员会，业务上接受中国民用航空局指导和监督。中国民用机场协会制定了"十四五"时期发展规划，研究确定核心能力建设方向，从知名度、话语权、权威性三个方面，持续深化核心能力建设，培育机场特色品牌服务项目：搭建四型机场建设交流平台；打造机场安全管理体系第三方专业评审品牌；建设机场服务质量评价权威品牌；构建机场团体标准建设品牌；扩大中国机场话语权和影响力。

中国民用航空维修协会（Civil Aviation Maintenance Association of China，CAMAC）是由中国境内涉及民用航空维修的企事业单位和个人，依据我国有关法律规定自愿结成的全国性、行业性社会团体，是非营利性社会组织，成立于2007年。协会的宗旨是贯彻执行行业规章和有关政令，在政府主管部门与企业之间发挥桥梁与纽带的作用；制定行业自律规定，规范行业行为，促进行业发展，协调同业关系，提升行业竞争力，为航空公司和其他用户提供优质服务；维护会员单位的利益和业内工作者的权益；促进与国际维修业同行的交流与合作。主要业务范围包括：推进诚信体系建设，为会员提供业务评审工作，维护市场秩序；开展团体标准工作，组织协调相关团体标准的制定、推广，参与相关行业标准的制定、修订工作；制定行业自律规定，规范和协调会员行为，维护市场正常秩序，提倡公平竞争，为航空公司和其他用户提供优质服务；经政府有关部门授权负责国内外行业相关信息收集、分析和评估，研究行业发展中的重大问题和共性问题，提供行业发展的指导性建议和意见等。

中国通用航空协会（China General Aviation Association，CGAA）是由各通用航空企事业单位自愿组织成立的全国性的、行业性的和非营利性的社团法人。协会的业务主管单位是中国民用航空局，登记管理机关是中华人民共和国民政部，接受中国民用航空局的业务指导和民政部的监督管理。协会旨在发挥桥梁和纽带的作用，加强企业、协会、政府之间的沟通；为各级政府和通用航空企业提供咨询服务；积极协助业务主管部门监督并约束会员单位业务行为，建立起公平竞争、共同发展的经济关系，维护企业的合法权益，维持有序的市场竞争秩序；努力为会员单位提供服务，维护会员单位的合法权益，规范会员单位经营行为，促进中国通用航空事业又好又快地发展。

二、我国港澳台地区的航空组织

我国香港特别行政区的航空组织主要有香港航空业协会、香港航空公司代表协会、香港国际机场航空委员会等。我国澳门特别行政区的航空组织主要有粤港澳大湾区航空业协会、澳门空运暨物流业协会等。我国台湾省的航空组织有台湾中华航空产业发展协会、台湾中华通用航空协会等。

我国香港航空业协会（Hong Kong Aviation Industry Association，HKAIA）的宗旨为更好地推动我国香港航空业的发展和提升竞争力。主要目标是制订短期及长期策略及行动计划，将我国香港的业务扩展至飞机零件制造业；促进与潜在合作伙伴的商业和技术合作；进行市场调研，建立与航空业务相关的信息数据库；促进成员之间的沟通、互动与合作，与政府机构、工业或贸易组织建立联系，并将集体意见传达给它们；服务我国香港航空业的利益，建立声誉，提升我国香港航空业的形象和能力；协助提升该行业的技术、工程和管理技能，以提高其业绩，增强其在国际市场上的竞争力。协会由四个分支机构组成：制造、服务和维护、专业和质量体系以及投资和贸易。

我国香港航空公司代表协会（Board of Airlines Representatives in Hong Kong，BAR）是经营我国香港定期航班的航空公司在我国香港设立的一个讨论国际民用航空事务的论坛。其宗旨是协助会员为共同的目标制定政策及程序，代表会员向我国香港特别行政区政府民航处及其他机关反映航空业共同关注的问题。该协会以协作的角色对会员提供意见；会员总部不受协会的约束，可按其认可的意愿作出相关的行动。协会下设行政委员会、我国香港国际机场航空委员会。

我国香港国际机场航空委员会是由各我国香港航空公司的员工或高级职员组成的代表各航空公司运作的团体。我国香港国际机场航空委员会以国际航空运输协会、国际民航组织制定的条款为指导，并且有独立的章程，专门负责机场事务，推广航空公司与我国香港机场管理局、政府部门及其他机构在机场事务上的运作。我国香港国际机场航空委员会提交给我国香港特别行政区政府民航处、我国香港机场管理局的正式文件或有关政策及财务事项，须经大多数成员同意。

粤港澳大湾区航空业协会(Guangdong-Hong Kong-Macao Greater Bay Area Aviation Association)已成为国际级的具专业服务及高效优质的咨询团体,协助粤港澳大湾区建设世界级的湾区航空运输产业而作出贡献为美好远景。协会提倡以人才建湾区为关键核心,在共融、共创、共赢;湾区共融、航空优先;区域发展、多元共赢的价值观的指导下开展会务工作,致力于出色完成进步、创新、诚信、专业精神、尊重与可持续发展的历史使命。其主要宗旨包括协助会员单位开展航空安全工作,促进持续安全;开展行业自律,推进诚信体系建设,维护市场秩序;为会员单位搭建交流合作平台,促进开展外交流与合作等。

我国澳门空运暨物流业协会[Macau Air Freight Forwarding(Logistics)Association,MAFFA]的主要宗旨是促进同业间的联系,提高从业人员专业水平,维护同业及会员的权益;联系世界各地同业团体,交流经验及信息,以促进澳门航空货运及物流业的发展;肩负同业间与政府及有关机构、团体等的沟通桥梁,协调各方关系。

第三章
空气空间与航空

第一节 案例导入

案例：大韩航空班机事件

1. 案例简介

1983年9月1日，韩国大韩航空公司波音747KA007号民航客机在自纽约飞往汉城（今首尔）途中，于苏联萨哈林岛近海上空被拦截并被两枚导弹击中后坠入日本海，机上240名乘客和29名机组人员无一幸存。国际民航组织于1983年9月15日、16日在蒙特利尔召开特别会议，通过了谴责苏联的决议。同时，为防止类似事故的再度发生，提出修正1944年《芝加哥公约》及其附件。1984年4月24日至5月10日，在蒙特利尔举行的第25届国际民用航空组织大会上，增加了以"避免对民用航空器使用武器"为主要内容的第3条第2款。

（资料来源：央视新闻.击落无威胁民航属严重违反公约［EB/OL］.（2014-07-18）[2023-09-15]. http://m.news.cntv.cn/2014/07/18/ARTI1405675977396592.shtml.）

2. 案例评析

该事件涉及空域管理问题。1944年《芝加哥公约》第1条规定："缔约各国承认每个国家对其领土上空具有完全的和排他的主权。"根据1944年《芝加哥公约》附件2《空中规则》的规定，航空器不得飞入禁区和限制区，除非遵照限制条件，或得到这些空域所属国的同意。1944年《芝加哥公约》第9条规定了禁区的设定及有关规则，允许缔约国在特定情况下设立禁区或对外国航空器暂时限制其进入或飞行。根据该国际法规则，国家具有合法权利在其领土上空限制航道，并对违反者根据本国法律予以惩罚。非私人航空器或由他国指挥的航空器闯入另外一国领空，构成违反国际法的行为。

该事件还涉及国际法"对称性原则"的适用问题。尽管根据1944年《芝加哥公约》及其附件2的有关规定，各国有权在其领土上空限制航道，并对违反者根据本国法律予以惩罚，但是对这种违反行为的反应，国际法是有限制的。国家有权对威胁其安全和侵入其领空的军用飞机加以拦截或击落，但对没有造成实际威胁的民用航空班机予以击落，不符合国际法上的"对称性原则"。该事件推动了国际社会将"避免对民用航空器使用武器"纳入公约。

第二节 空气空间与航空概述

一、空气空间的法律地位

1. 空气空间的含义

地球上的空间包括空气空间和外层空间。空气空间是环绕地球的大气层空间,是航空器运行的场所。在航空活动中,一国的航空器将飞越他国领土,或者在他国领土上降落,这就发生了领土上空与领土之间的关系问题。

空气空间又分为两部分:国家领土之上的空气空间,即领空;国家领土以外的陆地和水域之上的空气空间,即公空。领空是国家领土的组成部分,国家对领空享有完全排他的主权,国家有权拒绝他国航空器的通过。公空是指公海以及非国家领土的上空,不归属任何国家的主权管辖,因而是对一切国家自由开放的,任何国家的航空器都可以自由飞越。

2. 空气空间的法律地位

1919年《巴黎公约》缔结之前,关于空气空间的法律地位,有以下几种不同的学说。

(1) 完全的空中自由说。完全的空中自由说认为空气和海洋一样,是人类的共同财富,是完全自由的。

(2) 空中有限自由说。空中有限自由说认为人类既不能占有空气,更不能改变或者改造空气。因而,在一定高度以上的空间是航空自由的,而在这个高度之下,国家有自保的权利。

(3) 领土区域说。领土区域说主张在毗连国家的空气空间建立领空区域,受国家主权的限制。

(4) 国家警察说。国家警察说承认国家对领空有自保权,但反对国家主权学说,因而空中和海洋一样应当自由航行,但国家为了安全、公共秩序、税收等项,可以行使警察权。

(5) 国际共管论。国际共管论主张由国际共管,以方便空中航行。

关于空气空间的法律地位,虽然在理论上有不同的学说,但在实践中却得到了解决。实践证明,由于空气空间的性质,国家对领土上空有经济利益和安全要求,唯一正确的解决是国家主权说。1910年第一次国际空中航行会议通过的决议曾经明确指出:覆盖领土和领海的大气应当被视为领土,受国家主权的支配。第一部国际航空法典1919年《巴黎公约》在第一条中就将领空主权宣布为一条习惯国际法规则,即缔约各国承认每个国家对其领土之上空气空间具有完全的和排他的主权。1944年的《芝加哥公约》取代了1919年《巴黎公约》,最终在世界范围内确立了完全的和排他的领空主权原则,形成了公认的国际法基本准则。

二、领空主权原则

1. 领空主权的内涵

领空主权是指各国对其领陆和领水之上的空气空间享有完全的和排他的权利。《芝加哥公约》第1条明确规定:"缔约各国承认每一个国家对其领土上空具有完全的和排他的主权。"这一规定具有极其重要的意义。

(1) 这一规定明确宣告了领空主权原则。

(2)领空主权是每一个国家都享有的,无论缔约国还是非缔约国,因此每个国家对其领空都享有充分的主权权利。领空主权原则不仅是国际条约法规则,而且是国际习惯法规则,具有普遍的法律约束力。

(3)每个国家享有的领空主权是"完全的"和"排他的"。

领空主权是一种完全的和排他的主权。各国的领空主权主要体现在自保权、管辖权、管理权、支配权等四个方面。一是一国领土不受侵犯。未经一国允许,任何外国航空器不得进入该国领空。任何国家都有保卫其领空不受外来侵犯的充分权利。外国航空器未经许可擅自飞入一国领空,是对该国领空主权的侵犯。各国有权基于领空主权对于非法飞入的外国航空器采取措施。二是各国对其领空都享有管辖权。管辖权是国家主权的最直接体现。当然,国家行使管辖权时也应受到其缔结或者加入的国际公约规定的限制,也应当履行所承担的国际义务。三是各国都有权制定必要的法律和规章,以维护空中航行的正常秩序,保障空中交通安全,保护公众的合法权益不受外国任何干涉。四是国家可以通过国内立法对领空实施支配权。国家可以规定公民有自由通行的权利,而对于外国通航则需要签订航空运输协定,给予运营权。例如,各国保留国内载运权;有权制定有关外国航空器在境内飞行的规章制度;可指定外国航空器降停的设关机场等。

2. 1944年《芝加哥公约》关于领空主权原则下适用的四项规则

首先,飞入或飞经别国上空的规则。该规则包括不定期航班和定期航班的飞行和过境规则。

(1)不定期航班飞行规则。各缔约国同意其他缔约国的一切不从事定期国际航班飞行的航空器,在遵守本公约规定的条件下,不需要事先获准,有权飞入或飞经其领土而不降停,或做非商业性降停,但飞经国有权令其降落。为了飞行安全,当航空器所欲飞经的地区不得进入或缺乏适当航行设施时,各缔约国保留令其遵循规定航路或获得特准后方许飞行的权利。航空器如为取酬或出租而载运旅客、货物、邮件但非从事定期国际航班飞行,在遵守国内载运权规定的情况下,亦有上下旅客、货物或邮件的特权,但上下的地点所在国家有权规定其认为需要的规章、条件或限制。

(2)定期航班飞行规则。除非经一缔约国特准或其他许可并遵照此项特准或许可的条件,任何定期国际航班不得在该领土上空飞行或进入该国领土。

其次,关于国内运载权的规定。各缔约国有权拒绝准许其他缔约国的航空器为取酬或出租在其领土内载运旅客、邮件和货物前往其领土内另一地点。各缔约国承允不缔结任何协议在排他的基础上特准任何其他国家的空运企业享有任何此项特权,也不向任何其他国家取得任何此项排他的特权。

再次,关于禁区和暂禁飞行的规定。1944年《芝加哥公约》第9条规定,允许缔约国在特定情况下设立禁区或对外国航空器暂时限制其进入或飞行,包括缔约各国由于军事需要或公共安全的理由,可以一律限制或禁止其他国家的航空器在其领土内的某些地区上空飞行,但对该领土所属国从事定期国际航班飞行的航空器和其他缔约国从事同样飞行的航空器,在这一点上不得有所区别。此种禁区的范围和位置应当合理,以免空中航行受到不必要的阻碍。一缔约国领土内此种禁区的说明及其随后的任何变更,应尽速通知其他各缔约国及国际民用航空组织。在非常情况下,或在紧急时期内,或为了公共安全,缔约各国也保留暂时限制或禁止航空器在其全部或部分领土上空飞行的权利并立即生效,但此种限制或禁止应不分国籍适用于所有其他国家的航空器等有关规定。

最后,关于遵守飞入国法律和规章的规定。《芝加哥公约》第10条、第11条、第12条以及第13条分别规定了外国航空器在进入或离开他国领土时,应遵守该国关于航行的法律和规章、空中规则、入境、放行、移民、护照、海关及检疫等法律和规章的规定。

此外,关于禁止对民用航空器使用武力问题。1944年《芝加哥公约》第3条的修正明确了每一国家不得对飞行中的民用航空器使用武力,如果采取拦截这样的强制手段,也必须不危及航空器内人员的生命和航空器的安全。

(1) 每一国家必须避免对飞行中的民用航空器使用武器,如需拦截,以不危及航空器内人员的生命和航空器的安全为限。

(2) 每一国家在行使主权时,对未经许可而飞越其领土的航空器,如有合理根据认为该航空器被用于与本公约宗旨不相符的用途,有权要求该航空器在指定的机场降落。该国也可以对该航空器发出其他任何指令,以终止此类侵犯。各国应使用符合国际法有关规则的适当的方法,并将有关民用航空器拦截的国内规则妥为公布。

(3) 所有民用航空器应遵守领土国发出的命令。

(4) 缔约国应采取适当措施,禁止将在该国登记的或者在该国有主要营业所或永久居所的经营人所使用的任何民用航空器肆意用于与本条约宗旨不相符的目的。但是,该规定不对第(1)款产生任何影响。

三、公海和专属经济区上空飞行自由问题

根据1982年《联合国海洋法公约》第87条的规定,"公海对所有国家开放,不论其为沿海国或内陆国",其中包括航空器在公海上空"飞越自由"。对航空器在公海上空飞行,有效的规则是国际民航组织根据《芝加哥公约》制定的规则。

1982年《联合国海洋法公约》规定:"在专属经济区内,所有国家,不论为沿海国或内陆国,在本公约有关规定的限制下,享有第87条所指的航行和飞越自由……"因此,航空器在专属经济区上空有飞越的自由。然而,航空器在专属经济区上空,是在公约有关规定的限制下享有飞越自由的。专属经济区具有特定的法律地位,是国家管辖范围内的水域。沿海国为了在本国的专属经济区内行使主权和专属管辖权,有权制定有关的法律和规章,限制他国航空器在区域上空的飞越自由,以维护该区域的空中交通秩序,保障飞行安全,保护本国的合法权益。但是,沿海国不应不恰当地妨碍甚至实际上取消他国航空器在专属经济区上空的飞越自由。

四、空域管理制度

1. 空域的概念和属性

空域是航空器进行空中航行的活动场所。随着人们对航空活动认识的深入和空中交通服务的不断完善,空域的属性越来越丰富,体现为资源性、主权性、管理的动态性和安全性等方面。民用航空运输、科学试验飞行、军队训练飞行等,都需要使用一定的空域。每个国家的领空就是每个国家的空域资源,为了规范航空器在其中的飞行行为,让飞行更加安全、顺畅,空域使用更加有效,避免空域资源的虚耗和浪费,将空域进行了划分。

2. 空域的分类

空域分类是为了满足公共运输航空、通用航空和军事航空等对空域的不同使用需求,确保空域得到安全、合理、充分、有效的利用。空域分类是复杂的系统性标准,包括对空域内运行的人员、设备、服务、管理的综合要求。

从空域的分布和管辖来看,空域可以分为各主权国家进行管辖的领空部分空域、公海上空和公域部分空域。各国基于不同的国情和军情,有不同的空域划分方法和类别。国际民航组织在1944年《芝加哥公约》及其附件11《国际标准和建议措施——空中交通服务》中为各缔约国提供了空域划分的建议性标准和分类。

(1) 禁区。禁区是指在一个国家的陆地或领海上空,禁止航空器飞行的一个划定范围的空域。1944年《芝加哥公约》第9条第1款规定,缔约各国由于军事需要或公共安全的理由,可以一律限制或禁止其他国家的航空器在其领土内的某些地区上空飞行,但对该领土所属国从事定期国际航班飞行的航空器和其他缔约国从事同样飞行的航空器,在这一点上不得有所区别。此种禁区的范围和位置应当合理,以免空中航行受到不必要的阻碍。一缔约国领土内此种禁区的说明及其随后的任何变更,应尽速通知其他各缔约国及国际民用航空组织。

(2) 限制区。限制区是指在一个国家的陆地或者领海上空,根据某些规定的条件,限制航空器飞行的一个划定范围的空域。1944年《芝加哥公约》第9条第2款规定,在非常情况下,或在紧急时期内,或为了公共安全,缔约各国也保留暂时限制或禁止航空器在其全部或部分领土上空飞行的权利并立即生效,但此种限制或禁止应不分国籍适用于所有其他国家的航空器。

(3) 危险区。危险区是指规定时间内,可能对航空器的飞行活动存在危险的一划定范围的空域。由每个主权国家根据需要在陆地或者领海上空建立,也可以在公海上空等非主权空域内设置。国际民航组织规定在公海区域只能建立危险区。

(4) 防空识别区。防空识别区是指一国基于空防需要从本国陆地或者水域表面向上延伸所划定的空域,目的在于为军方及早发现、识别和实施空军拦截行动提供条件。凡进入防空识别区的航空器,必须报告身份,以便地面国识别、定位和管制。

(5) 空中交通服务空域。空中交通服务空域是指以字母为代号的划定范围的空域,在此空域内可以进行指定类型的飞行,并且有规定的空中交通服务和运行规则。空中交通服务空域分类为A类至G类。其中,管制空域分为A、B、C、D、E五类,非管制空域包括F、G两类。

3. 空域管理的原则

空域管理也称领空管理,包括空域划分、飞行管理以及入境和放行的法律制度。空域管理的原则包括四个方面:领空主权原则、安全性原则、经济性原则、公平性原则。

4. 国际空中航行的基本原则与一般原则

国际空中航行是指航空器经过一个以上国家领土之上空气空间进行的飞行活动。国际空中航行的基本原则:对于属于某一国家的空气空间遵循领空主权原则;对于不属于任何国家的空气空间遵循航行自由原则,但应遵守国际民航组织统一制定的空中航行规则。

国际空中航行的一般规则包括:展示识别标志;遵守飞入国的法律和规章;在设关机场降停,接受降停国的检查;应携带必备的文件;遵守飞入国关于货物限制的规定;不滥用民用航空从事威胁普遍安全或危害公共利益的非法甚至犯罪行为。

第三章 空气空间与航空

(1) 展示识别标志。根据1944年《芝加哥公约》第20条的规定,从事国际航行的每一航空器应载有适当的国籍标志和登记标志。

(2) 遵守飞入国的法律和规章。按照1944年《芝加哥公约》第8条、第12条的规定,任何无人驾驶而能飞行的航空器,未经一缔约国特许并遵照此项特许的条件,不得无人驾驶而在该国领土上空飞行。缔约各国承允对此项无人驾驶的航空器在向民用航空器开放的地区内的飞行加以管制,以免危及民用航空器。缔约各国承允采取措施以保证在其领土上空飞行或在其领土内运转的每一航空器及每一具有其国籍标志的航空器,不论在何地,应遵守当地关于航空器飞行和运转的现行规则和规章。缔约各国承允此方面的本国规章,在最大可能范围内与根据1944年《芝加哥公约》制定的规章一致。在公海上空,有效的规则应为根据1944年《芝加哥公约》制定的规则。缔约各国承允对违反适用规章的一切人员起诉。

(3) 在设关机场降停,接受降停国的检查。根据1944年《芝加哥公约》第10条、第16条的规定,除按照1944年《芝加哥公约》的条款或经特许,航空器可以飞经一缔约国领土而不降停外,每一航空器进入缔约国领土,如该国规章有规定时,应在该国指定的机场降停,以便进行海关和其他检查。当离开一缔约国领土时,此种航空器应从同样指定的设关机场离去。所有指定的设关机场的详细情形,应由该国公布,并送交国际民用航空组织,以便通知所有其他缔约国。缔约各国的有关当局有权对其他缔约国的航空器在降停或飞离时进行检查,并查验1944年《芝加哥公约》规定的证件和其他文件,但应避免不合理的延误。

(4) 遵守飞入国关于货物限制的规定。按照1944年《芝加哥公约》第35条的规定,从事国际航行的航空器,非经一国许可,在该国领土内或在该国领土上空时不得载运军火或作战物资。各国应以规章自行确定军火或作战物资的含意,但为求统一,应适当考虑国际民用航空组织随时所作的建议。缔约各国为了公共程序和安全,除军火或作战物资外,保留管制或禁止在其领土内或领土上空载运其他物品的权利。但在这方面,对从事国际航行的本国航空器和从事同样航行的其他国家的航空器,不得有所区别,也不得对在航空器上为航空器操作或航行所必要的或为机组成员或乘客的安全而必须携带和使用的器械加任何限制。

(5) 不滥用民用航空。1944年《芝加哥公约》的宗旨是使国际民用航空得按照安全和有秩序的方式发展,并使国际航空运输业务建立在机会均等的基础上,健康和经济地经营。而滥用民用航空则足以威胁普遍安全,缔约各国同意不将民用航空器用于和1944年《芝加哥公约》不相符的任何目的。

5. 我国关于飞行规则的规定

我国遵守1944年《芝加哥公约》关于飞行规则的相关规定,相关法律也规定了飞行规则。

我国《民用航空法》第76条规定:"在中华人民共和国境内飞行的航空器,必须遵守统一的飞行规则。进行目视飞行的民用航空器,应当遵守目视飞行规则,并与其他航空器、地面障碍物体保持安全距离。进行仪表飞行的民用航空器,应当遵守仪表飞行规则。飞行规则由国务院、中央军事委员会制定。"

《中华人民共和国飞行基本规则》第3条规定:"国家对境内所有飞行实行统一的飞行管制。"第4条规定:"国务院、中央军事委员会空中交通管制委员会领导全国的飞行管制工作。"第28条规定:"中华人民共和国境内的飞行管制,由中国人民解放军空军统一组织实施,各有关飞行管制部门按照各自的职责分工提供空中交通管制服务。"第35条规定:"所有飞行必须预先提出申请,经批准后方可实施。获准飞出或者飞入中华人民共和国领空的航空器,实施飞出或者飞入中华人民共和国领空的飞行和各飞行管制区间的飞行,必须经中国人民解放军空军批准;飞行管制区内飞行管制分区间的飞行,经负责该管制区飞行管制的部门批准;飞行管制分区内的飞行,经负责该分区飞行管制的部门批准。民用航空的班期飞行,按照规定的航路、航线和班期时刻表进行;民用航空的不定期运输飞行,由国务院民用航空主管部门批准,报中国人民解放军空军备案;涉及其他航空管理部门的,还应当报其他航空管理部门备案。"此外,《中华人民共和国飞行基本规则》还对机场区域内飞行、航路和航线飞行、飞行间隔等作了规定。

《民用航空使用空域办法》对民用航空活动相关空域的建设和使用进行了规定。通常情况下,高空管制区、中低空管制区、终端(进近)管制区和机场塔台管制区内的空域分别称为A、B、C、D类空域。A类空域内仅允许航空器按照仪表飞行规则飞行,对所有飞行中的航空器提供空中交通管制服务,并在航空器之间配备间隔。B类空域内允许航空器按照仪表飞行规则飞行或者按照目视飞行规则飞行,对所有飞行中的航空器提供空中交通管制服务,并在航空器之间配备间隔。C类空域内允许航空器按照仪表飞行规则飞行或者按照目视飞行规则飞行,对所有飞行中的航空器提供空中交通管制服务,并在按照仪表飞行规则飞行的航空器之间,以及在按照仪表飞行规则飞行的航空器与按照目视飞行规则飞行的航空器之间配备间隔;按照目视飞行规则飞行的航空器应当接收其他按照目视飞行规则飞行的航空器的活动情报。D类空域内允许航空器按照仪表飞行规则飞行或者按照目视飞行规则飞行,对所有飞行中的航空器提供空中交通管制服务;在按照仪表飞行规则飞行的航空器之间配备间隔,按照仪表飞行规则飞行的航空器应当接收按照目视飞行规则飞行的航空器的活动情报;按照目视飞行规则飞行的航空器应当接收所有其他飞行的航空器的活动情报。

《一般运行和飞行规则》规定了民用航空运行的一般原则与要求,第91.323条规定了航空器速度,第91.325条规定了最低安全高度。

(1) 航空器速度有关规定。①除经局方批准并得到空中交通管制的同意外,航空器驾驶员不得在修正海平面气压高度3000米(10 000英尺)以下以大于470千米/小时(250海里/小时)的指示空速运行航空器。②除经空中交通管制批准外,在距机场基准点7500米(4海里)范围内,离地高度750米(2500英尺)以下不得以大于370千米/小时(200海里/小时)的指示空速运行航空器。③如果航空器的最小安全空速大于本条规定的最大速度,该航空器可以按最小安全空速运行。

(2) 最低安全高度有关规定。除航空器起飞或者着陆需要外,任何人不得在低于以下高度上运行航空器;但是农林喷洒作业按照《特殊商业运营人运行合格审定规则》(CCAR-136部)运行。①在任何地方应当保持一个合适的高度,在这个高度上,当航空器动力装置失效应急着陆时,不会对地面人员或者财产造成危害。②在人口稠密区、集镇或者居住区的上空或者任何露天公众集会上空,航空器的高度不得低于在其600米(2000英尺)水平半径范围内的最高障碍物以上300米(1000英尺)。③在人口稠密区以外地区的上空,航空器不得低于离地高度150米(500英尺)。但是,在开阔水面或者人口稀少区的上空不受上述限制,在这些情况下,航空器不得接近任何人员、船舶、车辆或者建筑物至150米(500英尺)以内。④在对地面人员或者财产不造成危险的情况下,直升机可以在低于②款或者③款规定的高度上运行。此外,直升机还应当遵守局方为直升机专门规定的航线或者高度。

第三章 空气空间与航空

关于通用航空的飞行规则方面,《通用航空飞行管理条例》是管理通用航空飞行活动的基本依据,规范了从事通用航空飞行活动的单位或个人向当地飞行管制部门提出飞行计划申请的程序、时限要求;明确了在大陆范围内进行的一些特殊飞行活动,所需履行的报批手续和文件要求;并对升放和系留气球做出了具体要求。《通用航空飞行管理条例》第 12 条规定:"从事通用航空飞行活动的单位、个人实施飞行前,应当向当地飞行管制部门提出飞行计划申请,按照批准权限,经批准后方可实施。"第 22 条规定:"从事通用航空飞行活动的单位、个人组织各类飞行活动,应当制定安全保障措施,严格按照批准的飞行计划组织实施,并按照要求报告飞行动态。"第 23 条规定:"从事通用航空飞行活动的单位、个人,应当与有关飞行管制部门建立可靠的通信联络。在划设的临时飞行空域内从事通用航空飞行活动时,应当保持空地联络畅通。"

第三节 案 例 练 习

案例:无人机入侵某国际机场事件

1. **案情介绍**

某日,一架无人机未经授权闯入了某国际机场空域,导致该国际机场的空域关闭了 1 个多小时,数架飞机不得不备降他处,数千名乘客的行程受到了影响。该国对于无人机活动和禁飞区都有明确的规定,无人机在机场上空活动属于违法行为。而且这已经不是第一次有无人机对该国际机场的运营造成影响了。该事件发生后,该国民航局要求无人机所有者进行注册,并禁止无人机业余爱好者将摄像机和激光绑在无人机上飞越该国主要地区,包括机场上空。

2. **思考题**

请结合该案例谈谈空域管理有关法律制度。

第四章
航空器运营管理制度

第一节 案例导入

案例一：A通航公司融资租赁债务案

1. 案例简介

天津某航空租赁有限公司(以下简称某天津公司)和A通用航空股份有限公司(以下简称A通航公司)签订《融资租赁合同》，约定某天津公司按其指定向供应商购买10架固定翼飞机，购买后再将飞机租赁给其使用。后因A通航公司无飞机运营资质，遂添加北京某通用航空有限责任公司(以下简称某北京公司)、陕西某通用航空有限公司(以下简称某陕西公司)为共同承租人，并签订了融资租赁合同变更协议。后某天津公司、某北京公司与外商共同签订了销售合同，约定某北京公司向外商购买一架GA8 Airvan型号飞机，由某天津公司付款。合同签订后，某天津公司向外商支付了77万美元，外商将一架飞机交付给某北京公司在天津滨海新区运营。后该飞机的经营因疫情受到严重影响，三被告未能按约定支付租金，故某天津公司诉至天津市滨海新区人民法院，主张逾期未付租金及违约金、全部未到期租金及违约金和损害赔偿金、律师费等损失。

某天津公司是外商投资企业独资的具备融资租赁经营资质的天津企业，涉案飞机的实际经营人某北京公司是民营企业，承租该飞机主要用于森林防火的空中巡查、空中跳伞和游览等项目。承租该飞机后，承租人受新冠疫情影响不能运营而无法支付租金，按照合同约定原告在承租人逾期支付租金情况下，可以主张租金加速到期。但是本案全部未付租金数额高达500多万元，简单地依据约定支持某天津公司主张租金加速到期的诉讼请求，将会使承租人特别是实际经营人某北京公司面临巨大资金压力，既不利于某天津公司顺利地实现债权，也不利于某北京公司恢复运营。为此，法官积极主持调解工作，经过多次沟通协调，各方当事人达成调解协议。首先，在各方当事人核算清楚逾期未付租金及相应违约金数额的基础上，协商确定了A通航公司、某北京公司、某陕西公司分期支付逾期未付租金及相应违约金的时间和每期付款数额。而且，调解协议确定各方当事人继续履行融资租赁合同，明确A

第四章 航空器运营管理制度

通航公司、某北京公司、某陕西公司支付剩余 10 期租金的时间和具体数额,同时还设定了 A 通航公司、某北京公司、某陕西公司不如期付款的惩罚性条款,对原告为维护自身权利支出的诉讼成本包括律师费、保全费等费用予以适当的保护。调解结案后,原告同意立即解除对 A 通航公司、某北京公司、某陕西公司财产的保全措施。

2. **案例评析**

民用航空器的融资租赁是航空公司为了在有限的成本约束下,将效用最大化的最佳选择。与此同时,作为承租方的航空公司也承担着巨大的商业风险,即如果航空公司无法有效利用民用航空器进行生产经营,其有可能无法正常缴纳租金,从而造成违约。另外,对于民用航空器融资租赁中产生的纠纷,一般不建议采用司法手段解决,如本案中,简单地依据约定支持天津某航空租赁有限公司主张租金加速到期的诉讼请求,将会使承租人特别是实际经营人某北京公司面临巨大资金压力,既不利于天津某航空租赁有限公司顺利地实现债权,也不利于某北京公司恢复运营。因此,采用了较为和缓的调解方式。

案例二:B 通航公司融资租赁与保证案

1. **案例简介**

2018 年 4 月 13 日,A 公司作为出租人与 B 通航公司签订了融资租赁合同(售后回租-设备类)。租赁物为飞机发动机及航材等设备,租赁期限 60 个月,租金每半年支付一次,共 10 期,购买价 75 000 000 元,年租赁利率为 6.65%,租金总额为 91 033 888.91 元。根据融资租赁合同第 20.2 条的约定,承租人任何一期租金未按本合同约定向出租人支付的,即视为承租人在本合同项下的违约情形,出租人有权宣告融资租赁合同项下承租人债务全部到期,要求承租人立即支付融资租赁合同项下所有已到期未付租金、违约金、损害赔偿金、全部未到期租金、留购价款等款项,其中违约金按照逾期未付款项的日万分之五计算。

为了保证前述融资租赁合同的顺利履行,C 公司与 A 公司签订了对应的法人保证合同;以及自然人甲与 A 公司签订了对应的自然人保证合同;乙与 A 公司签订了对应的自然人保证合同。三个保证人就 B 通航公司在融资租赁合同项下对 A 公司所负的全部债务提供不可撤销的连带责任保证。

合同签订后,A 公司依约支付全部购买价 7500 万元,并将设备交付给了 B 通航公司。但是 B 通航公司并未履行租金支付义务,截至 2019 年 11 月 19 日,B 通航公司已拖欠 A 公司到期未付租金 7 209 277.78 元,已经构成了融资租赁合同第 20.2 条约定的违约事件,且经 A 公司多次催收后 B 公司仍未纠正其违约行为,保证人也未承担连带保证责任。

2. **案例评析**

民用航空器的融资租赁往往附带有保证合同,保证合同对民用航空器的交易具有促进作用,但是与此同时,由于民用航空器的价值量巨大,保证方往往需要承担巨大的风险。本案中既有法人的保证,也有自然人的保证,需要结合《中华人民共和国民法典》(简称《民法典》)及其司法解释来进行学习。

第二节　航空器运营管理制度概述

一、航空器概述

1. 航空器的界定

有关航空器的定义最早出现在1919年《巴黎公约》中,表述为"大气层中靠空气反作用力支撑的任何器械"。1944年《芝加哥公约》附件2《空中规则》对航空器和飞机进行了界定,分别表述为:航空器是指能从空气的反作用而不是从空气对地面的反作用,在大气中获得支撑的任何机器。飞机是指由动力驱动的重于空气的航空器,其飞行中的升力主要由作用于翼面上的空气动力的反作用力获得,此翼面在给定飞行条件下保持固定不变。1967年国际民航组织又对航空器的定义进行了适当修改,重新定义为:能从空气的反作用而不是从空气对地(水)面的反作用在大气中获得支撑的任何机器。

依据国际民航公约的界定,可以将航空器定义为:航空器是指可以在大气中从空气的反作用,而不是从空气对地(水)面的反作用获得支撑的任何机器。包括轻于空气的航空器和重于空气的航空器。

2. 航空器的分类

依据不同的标准,可以将航空器做不同的分类。根据航空器的机械构造,可以划分为重于空气的航空器和轻于空气的航空器;按照航空器的使用性质,可以划分为民用航空器与国家航空器。

关于民用航空器与国家航空器的认定问题,国际民航组织认为《芝加哥公约》仅适用于民用航空器,并且认为用于军事、海关、警察目的的航空器应当是国家航空器。国际民航组织在缩小垂直间隔问题时,附带提出了将国家航空器定义为用于军事、海关、警察目的的航空器。国际航空运输协会在2015年召开的军民合作研讨会上,提出《芝加哥公约》仅对民用航空器有效,并不对国家航空器有效。欧洲航空安全组织在其发布的《国家航空器在欧洲RVSM空域运行与标准指南》中认为"只有(only)"用于军事、海关、警察目的的航空器才是国家航空器。北大西洋公约组织在讨论其主导的任务与作业中军民航空器运行问题时,认为用于军事、海关、警察目的的航空器应当是国家航空器。我国《民用航空法》规定,民用航空器是指除用于执行军事、海关、警察飞行任务外的航空器。

3. 航空器的法律特征

首先,航空器具拟人性。航空器具有国籍,在法律规定的范围内具有相应的权利能力和行为能力。法律上赋予航空器的法律人格,使其成为航空法的适用对象;在航行中,权利和义务的规定也是针对航空器的。

其次,航空器是一国领土的域外延伸。航空器在一国登记后,该航空器登记国对在域外飞行的航空器内发生的法律关系有权管辖,对发生的违法犯罪行为有域外管辖权。1963年《东京公约》最先赋予了航空器登记国管辖权。我国《中华人民共和国刑法》(简称《刑法》)规定,凡在中华人民共和国航空器内犯罪的,也适用本法。《中华人民共和国治安管理处罚法》规定,在中华人民共和国船舶和航空器内发生的违反治安管理行为,除法律有特别规定的外,适用本法。

最后,航空器往往是民事法律关系指向的标的物。民法中的所有权制度、抵押权制度、留置权制度、合同制度等均适用于航空器。民法中的权利登记制度也在某种程度上适用于航空器。

二、航空器权利制度

1. 航空器权利国际公约及规定

1948年,在日内瓦召开的国际民用航空组织大会上通过了《日内瓦公约》,即《国际承认航空器权利的公约》。各缔约国承认航空器所有权、通过购买并占有行为取得航空器的权利、根据租赁期限为六个月以上的租赁占有航空器的权利、为担保偿付债务而协议设定的航空器抵押权、质权以及类似权利。我国于1999年加入1948年《日内瓦公约》。随着国际社会对于民用航空器等高价值移动设备权利认可统一化立法的加强,《移动设备国际利益公约》(简称2001年《开普敦公约》)得以诞生,而且根据适用对象的不同,通过议定书的形式对规则进行了具体化规定,目前分别存在《移动设备国际利益公约关于航空器设备特定问题的议定书》(简称2001年《航空器议定书》)、《卢森堡铁路车辆议定书》《移动设备国际利益公约关于航天资产特定问题的议定书》等。

2001年《开普敦公约》不再依托于各个缔约国的国内登记系统来实现民用航空器权利的国际承认,而是2001年《开普敦公约》与《航空器议定书》建立了一套不依赖于各缔约国国内登记制度的相对完整的民用航空标的物(民用航空器机身、航空发动机、直升机)的登记制度。2001年《开普敦公约》与《航空器议定书》并不直接调整缔约国国内的民用航空器权利登记(国内利益的通知除外),而是对国际利益登记进行规定,即除非缔约国进行了声明,否则国际利益将优先于国内权利登记的效力。这就构建起了为各缔约国所承认的国际利益,从而弥合了不同法系对于权利属性的认知差异,并且登记于一个国际登记处,在缔约国间产生公示公信的法律效果,一旦债务人出现不履约风险,债权人可以采取取回移动设备或者获得其他救济手段。

关于2001年《开普敦公约》和《航空器议定书》对于《日内瓦公约》的修正,《航空器议定书》采用了正向表述与负向表述的方式来加以界定。正向而言,涉及《航空器议定书》所定义的航空器以及航空器标的物的,应取代1948年《日内瓦公约》;负向而言,凡涉及没有包括在内或者不受影响的权利或利益的,则不取代1948年《日内瓦公约》。此外,根据《维也纳条约法公约》所规定的公约适用规则,2001年《开普敦公约》和《航空器议定书》对于1948年《日内瓦公约》的修正仅限于2001年《开普敦公约》缔约国之间,而并不适用于2001年《开普敦公约》缔约国与1948年《日内瓦公约》缔约国之间,或者纯粹的1948年《日内瓦公约》缔约国之间。

2. 航空器权利的类别

依据航空器权利国际公约的有关规定,我国《民用航空法》规定了所有权、占有权、抵押权和优先权登记制度;《民用航空器权利登记条例》进行了细化;《民用航空器权利登记条例实施办法》对具体操作进行了规定。有关权利及规定如下:

1)航空器所有权

民用航空器所有权是指航空器所有人依法对航空器占有、使用、收益和处分的权利。

《民用航空法》中的所有权来自1948年《日内瓦公约》第1条"航空器所有权"。"航空器所有权"既包含所有权的原始取得,如波音公司制造的航空器,其具有所有权;同时也包含所有权的继受取得,如中国国际航空公司通过购买而获得波音公司的3架航空器的所有权。《民用航空法》所有权与《民法典》上的所有权本质相同,即均为物权,民用航空器的所有权人享有对于民用航空器的占有、使用、收益、处分等权能。

2) 航空器占有权

占有权是指对财产实际掌握、掌控的权利,航空器占有是指对航空器在事实上或法律上的控制。《民用航空法》中明确"占有权"为一种权利。对于占有权的登记主要来源于1948年《日内瓦公约》"通过购买并占有行为取得航空器的权利"以及"根据租赁期限为六个月以上的租赁占有航空器的权利"的规定,其立法目的在于实现国际对于航空器权利的统一承认。《民用航空法》中的"占有权"产生于民用航空器租赁合同以及保留所有权的买卖合同,目的在于保护民用航空器承租方以及占有人的权利。航空器占有权登记实际上是一种债权的登记制度,其保护的是承租人对于民用航空器的权利,这一点也为1948年《日内瓦公约》和2001年《开普敦公约》所规定。

3) 航空器抵押权

民用航空器抵押权是指抵押权人对抵押人提供的不转移占有而作为债务担保的航空器,在债务人不履行债务时,依法对该航空器折价或从变卖该航空器的价款中优先受偿的权利。我国《民用航空法》规定,设定民用航空器抵押权,由抵押权人和抵押人共同向国务院民用航空主管部门办理抵押权登记;未经登记的,不得对抗第三人。民用航空器抵押权设定后,未经抵押权人同意,抵押人不得将被抵押民用航空器转让他人。

4) 航空器优先权

民用航空器优先权是指债权人依照规定,向民用航空器所有人、承租人提出赔偿请求,对产生该赔偿请求的民用航空器具有优先受偿的权利。《民用航空法》上的民用航空器优先权来源于1948年《日内瓦公约》,而《日内瓦公约》的航空器优先权则是来源于船舶优先权。我国目前对于优先权的定义并不明确,海事司法实践和学术界关于船舶优先权法律属性形成了两种观点:一是船舶优先权应作为与担保权相区别的民事特别优先权对待;二是民事特别优先权也属于担保权的一种前提,将其直接归入担保权范畴。将民用航空器优先权定义为民事特别优先权较为合理。此外,我国在批准《移动设备国际利益公约》和《移动设备国际利益公约关于航空器设备特定问题的议定书》的决定中,对权利顺序予以保留(表4-1)。

表4-1 我国对于2001年《开普敦公约》与《航空器议定书》关于权利顺序的保留

2001年《开普敦公约》	中国政府声明
第三十九条第1款(a)项声明	依照中华人民共和国法律优先于有担保的债权人的全部非约定权利或者利益无须登记即可优先于已经登记的国际利益,包括但不限于破产费用和共益债务请求权,职工工资,产生于该民用航空器被抵押、质押或留置之前的税款,援救该民用航空器的报酬请求权,保管维护该民用航空器的必须费用请求权等
第三十九条第1款(b)项声明	《开普敦公约》不影响国家或国家实体、政府间组织或者其他公共服务的私人提供者依照中华人民共和国法律扣留或者扣押标的物,以向此种实体、组织或者提供者支付与使用该标的物或者另一标的物的服务直接有关的欠款的权利
第三十九条第4款声明	根据第三十九条第1款(a)项所作出的声明中所含种类的权利或者利益,优先于批准《航空器议定书》之前已登记的国际利益

除上述声明的权利之外,基于2001年《开普敦公约》和《航空器议定书》而登记的国际利益将具有优先性。但是值得注意的是,基于《民用航空法》登记的所有权、占有权、抵押权和优先权可以基于2001年《开普敦公约》和《航空器议定书》登记为国内利益的同时,进而取得与国际利益一样的法律效力。

三、航空器的国籍制度

1. 航空器国籍制度的法律依据

民用航空器的国籍目的在于确立国籍国的行政管理权。民用航空器国籍制度来源于1944年《芝加哥公约》第17条"航空器具有其登记的国家的国籍"的规定,第18条"航空器在一个以上国家登记不得认为有效,但其登记可由一国转至另一国"的规定,第19条"航空器在任何缔约国登记或者转移登记,应按该国的法律与规章办理"的规定,第20条"从事国际航行的每一航空器应载有适当的国籍标志和登记标志"的规定。

我国《民用航空法》第6条规定:"经中华人民共和国国务院民用航空主管部门依法进行国籍登记的民用航空器,具有中华人民共和国国籍,由国务院民用航空主管部门发给国籍登记证书。"第9条规定:"民用航空器不得具有双重国籍。未注销外国国籍的民用航空器不得在中华人民共和国申请国籍登记。"第8条规定:"依法取得中华人民共和国国籍的民用航空器,应当标明规定的国籍标志和登记标志。"

2. 航空器国籍登记制度

1) 航空器国籍登记原则

航空器的国籍由该航空器在哪一个国家进行国籍登记来确定。作为1944年《芝加哥公约》缔约国的政府,有义务设立航空器国籍登记机构,并根据本国法律规定,对符合要求的航空器进行国籍登记。航空器登记了某一国籍,即取得该国法律认可的国籍,即使航空器的所有人或实际运营者并非该国公民或法人,国籍国仍应当适用登记国法律进行管理。

2) 禁止双重国籍

1944年《芝加哥公约》明确规定了禁止航空器具有双重国籍,但允许航空器登记从一国转至另一国。这一原则的意义是,对任一航空器在任一时间点,其国籍都应是确定且唯一的,即以当时登记为准,不存在需要根据实际联系确定航空器国籍的情况。

3) 遵循登记国法律

对航空器登记为某一国国籍需要符合何种实质和形式条件,1944年《芝加哥公约》未统一规定,而以登记国法律规定为准,允许各缔约国根据自身情况,对航空器登记为本国国籍进行或严格或宽松的规定。我国《民用航空法》进行了相关规定,即中华人民共和国国家机构的民用航空器;依照中华人民共和国法律设立的企业法人的民用航空器;企业法人的注册资本中有外商出资的,其机构设置、人员组成和中方投资人的出资比例,应当符合行政法规的规定;国务院民用航空主管部门准予登记的其他民用航空器应当进行中华人民共和国国籍登记;自境外租赁的民用航空器,承租人符合前款规定,该民用航空器的机组人员由承租人配备的,可以申请登记中华人民共和国国籍,但是必须先予注销该民用航空器原国籍登记。

四、航空器的租赁制度

1. 航空器租赁制度的发展历史

航空器租赁是一种以航空器为租赁物的融资活动,航空公司融资的传统途径是贷款即债权融资。20世纪50年代,航空公司为引进航空器设备而寻求的外部融资途径也主要是依靠银行贷款。航空产业先期投入大、利润率低,很多航空公司都难以完全满足贷款所需的资产负债比率要求。同时,银行贷款普遍需要担保,但是以航空器设备作为担保物又可能面临法律上的障碍。民用航空器(包括其所属设备)因其移动性被各国法律普遍作为一种动产来对待,然而当时的各国法律认为动产只能以移转占有方式构成动产质押,要求航空公司为取得贷款而交出航空器设备的占有也不符合航空业经营的实际,如果航空公司不转移航空器设备的占有,以该设备为担保物设定的担保又难以获得法律的承认,贷款债权人的利益也难以保障。在此背景下,"融资租赁"诞生于美国并迅速发展起来。最早出现的航空器租赁形式是融资租赁(financial lease),随后又出现了经营租赁(operational lease)。

2. 航空器租赁制度的种类

航空器的租赁可以分为融资租赁和经营租赁。融资租赁是指出租人按照承租人对供货方和民用航空器的选择,购得民用航空器,出租给承租人使用,由承租人定期交纳租金。融资租赁期间,出租人依法享有民用航空器所有权,承租人依法享有民用航空器的占有、使用、收益权。承租人应当适当地保管民用航空器,使之处于原交付时的状态,但是合理损耗和经出租人同意的对民用航空器的改变除外。经营租赁是指承租人为了获得对航空器的短期使用权,根据自己的需要临时或短期向租赁公司租入航空器,无意长期使用该航空器,租赁期满,承租人对航空器按租赁合同中规定的技术状况退回给出租人。

按是否配备机组人员为标准,航空器的租赁分为湿租和干租。湿租是指由出租方提供机组人员,根据承租方安排的航线和航班飞行的一种租赁方式。湿租中,航空器的控制权仍在出租方。通常航空公司在动力出现暂时不足时会采用这种方式。湿租的航空器不能作为申请建立公共航空运输企业的条件。干租是指出租方只提供航空器,不包括机组人员的一种租赁方式。机组人员、油料、配件、维修等服务由承租方负责。出租方收取租金,并在租期届满后收回航空器。

五、航空器的适航管理制度

1. 航空器适航管理制度的发展历史

1949年,国际民航组织制定了《芝加哥公约》附件8《航空器适航的标准和建议措施》,但是当时各国对于适航标准还存在争议。1953年,国际民航组织大会第七届会议批准了理事会和航行委员会对适航政策进行一次基础性研究的提议。1956年,在充分研究的基础上,国际民航组织抛弃了国际民航分类审定的原则,建立了概括性标准,这些标准为各国所承认。1972年,国际民航组织认为国际适航标准的目的是为供国家主管部门采用而规定的最低适航水平。《航空器适航的标准和建议措施》中所规定的适航技术标准必须以概括性的规范形式写出,它阐述的是目的,而不是实现这些目的的方法,所以,国家可以制定适航规范,作为其审定每架航空器的适航基础。

第四章 航空器运营管理制度

2. 航空器适航管理有关问题

1) 初始适航与持续适航

1944年《芝加哥公约》规定,从事国际航行的每一航空器,应备有该航空器登记国发给或核准的适航证。缔约国的每一航空器在从事国际航行时应携带适航证。民用航空器是否适航的判断标准为航空器是否始终满足符合其型号设计的要求,以及是否始终处于安全运行状态。与这两个标准相对应,民用航空器的适航管理包括初始适航管理和持续适航管理两类。初始适航指的是"航空器、发动机、螺旋桨或部件符合其经批准的设计并处于安全运行状态的状况"。持续适航是"使航空器、发动机、螺旋桨或部件符合适用的适航要求并且在其整个使用寿命期间处于安全运行状态的一套过程"。简而言之,初始适航的目的在于保证民用航空产品在设计、制造阶段的安全性;而持续适航则是保证民用航空产品在运行过程中,能够持续符合民用航空产品在设计、制造阶段的安全性。

民用航空器的运行关系到人员和财产安全,因此,对于民用航空器而言,国际民航组织世界各国监管机关均建立以"法规+标准"为基础的适航审定制度,传统的法律规范分配权利义务,技术规范厘清技术安全性,通过在法规当中援引标准来保证法律的稳定性和促进技术的进步性。监管策略根据两个维度展开:一是时间维度,从航空器设计、制造和运行进行行政许可管理。二是结构维度,对构成航空器的零件,以及航空器整机进行行政许可审定管理。例如,根据我国《民用航空产品和零部件合格审定规定》,经申请人申请,民航监管机关认为任何用于民用航空产品或者拟在民用航空产品上使用和安装的材料、零件、部件、机载设备或者软件符合经批准的设计并且处于安全可用状态,即发放适航许可证。

2) 双边适航协定

在实践中,对于航空器的适航审定多采用认可的方式,比如《中美双边适航协议》规定:如果出口方适航当局向进口方适航当局证明一个产品(这个产品是进口方适航当局或与进口方有对等适航协议的另一国适航当局已经颁发或正在办理颁发型号设计批准书的,并且在出口制造人已与该产品的型号设计批准书持有人订有许可协议的)在构造上符合了进口方适航当局所通知的型号设计说明,而且处在安全可用状态,则进口方应当对于出口方适航当局所作的技术评估、试验和检验给予同样的认可。进口方适航当局认为需要保证产品自出口方适航当局审定之日起没有更改或衰退时,则可以在进行适航审定、批准或认可时作附加检查。即我国航空器监管机关认可国外监管机关对于国外生产制造航空器的认可,但是需要注意的是这种认可的前提是"构造上符合了进口方适航当局所通知的型号设计说明"和"处在安全可用状态",所以如果产品出现明显不符合上述前提的情况,我国航空器监管机关可以主动进行附加检查。

3) 适航指令

根据1944年《芝加哥公约》附件8,适航指令是在型号合格审定之后,由适航当局针对在包括航空器、航空发动机、螺旋桨及机载设备等民用航空产品上发现的、可能存在或发生于同型号设计的其他民用航空产品中的不安全状态,所制定的强制性检查要求、改正措施或使用限制的文件。

目前,我国与美国联邦航空局、欧洲航空安全局(EASA)建立了关于适航指令的交换关系,保证了我国能够及时得到这些外国针对在该国注册的航空器所颁发的适航指令。同时我国也同进口国建立联系,以保证该国及时得到我国对于国产航空器所颁发的适航指令。在收到国外适航指令后,我国适航指令编发管理单位根据该适航指令所涉及的航空器在我国注册和使用的情况进行评估,将适用的适航指令编制成中文的适航指令并转发给各有关的适航指令执行单位。

第三节 案例练习

案例一:A 公司、B 公司及 C 公司民用航空器融资租赁案

1. 案情介绍

2012 年 6 月 13 日,A 公司作为出租人、B 公司作为承租人,签订国金租(2012)租字第(A-006)号融资租赁合同,A 公司同意以融资租赁方式将该飞机购买后租赁给 B 公司继续使用。租金由租赁本金和租赁利息组成。租赁本金为人民币 80 697 300 元,租赁利率为中国人民银行发布的五年期以上贷款基准利率加 150 个基点,如基准利率调整,则租赁利率作相应调整。租赁期限为 8 年,租金共分 32 期支付,每期租金为人民币 3 491 945.18 元(此为根据签订合同时利率计算出的金额,随利率调整数额亦有变化),每年的 3 月 15 日、6 月 15 日、9 月 15 日、12 月 15 日为租金支付日期。B 公司承担飞机的购买、交付过程中发生的一切税赋(包括但不限于飞机自中国境外进入中国境内保税地区的任何税赋以及标的飞机自中国境内保税地区至非保税地区的税赋)与费用。B 公司逾期支付租金及其他应付款项的,每逾期 1 日,应按逾期未付金额的万分之五向 A 公司支付违约金。逾期支付超过 30 日的,A 公司有权宣布《融资租赁合同》立即到期,并要求 B 公司立即付清所有到期及未到期租金、违约金及其他应付款项。此外,A 公司还可以将标的飞机收回并出售,出售过程产生的费用应当由 B 公司承担,标的飞机出售所得用于偿还 B 公司的应付款项,不足偿付应付款项时,A 公司有权向 B 公司继续追索不足部分。若标的飞机出售所得超过 B 公司的应付款项,则 A 公司应将超出部分的款项退还给 B 公司。同时约定,如 B 公司不履行合同义务,A 公司有权要求 B 公司限期履行、采取补救措施并赔偿损失,包括损失本身及有关合理费用,包括但不限于利息、滞纳金、诉讼费、保全费、审计费、评估费、鉴定费、政府规费、律师费等。

融资租赁合同签订当日,A 公司作为买方、C 公司作为卖方,签订了国金租(2012)买字第(A-006)号飞机买卖协议,约定 A 公司为履行融资租赁合同,向 C 公司购买豪客 900XP 型飞机一架,价格为 1275 万美元,折合人民币 80 697 300 元。同日,A 公司作为出租人、B 公司作为承租人、案外人北京首都航空有限公司作为托管人签订了三方协议,约定 A 公司将飞机出租给 B 公司使用,并同意继续按照公务机管理协议将飞机交北京首都航空有限公司管理。

同日,A 公司、B 公司和 C 公司签订三方支付协议,约定 B 公司自愿向 A 公司支付租赁保证金和顾问费,保证金金额为人民币 350 万元,如 B 公司未能按期支付租赁合同项下的任一期租金或相关款项,则 A 公司有权直接从租赁保证金中扣划相应金额用于偿还或抵销 B 公司的应付款项。

同年 6 月 14 日,C 公司向 A 公司出具发票,记载飞机售卖金额人民币 80 697 300 元,实际收款人民币 76 390 327 元。6 月 15 日,C 公司向 A 公司出具卖据,记载鉴于已经足额收到

A公司支付的价款,特交付、转让并移交所有其在飞机上的权利。同日,C公司与B公司签订租赁终止协议,一致同意自签约当日终止原租赁合同并妥善清理各自截止合同终止日前的债权债务。B公司应将飞机交还C公司,或者按照C公司指示将飞机交给A公司。同日,B公司向A公司出具验收证明书,记载B公司已经检验融资租赁合同附件一中具体规定的标的飞机符合说明,处于良好工作状态,并且符合融投资租赁合同及B公司的各项要求,特由B公司在没有保留情况下予以接受,A公司已合格地将融投资租赁合同项下的标的飞机交付B公司。

2014年6月13日,保证人江某某、岳某与A公司签订国金租(2012)人保字第(A-006)号保证合同,江某某与岳某对B公司融资租赁合同项下的债务提供连带责任保证,包括但不限于应付租金(包括租赁本金和租赁利息)、保证金、顾问费、提前终止损失金、损失赔偿金等应付款项,及A公司实现债权的费用(包括但不限于诉讼费、律师费、保全费等)。如保证人江某某、岳某未按期代为清偿到期债务,债权人A公司有权采取法律许可的相应措施以保证债务得到清偿。

截至A公司起诉之日,B公司仅支付了前5期租金以及第6期部分租金(其中部分租金为B公司缴纳的保证金抵扣),2014年3月15日应付的第7期租金仍未支付。A公司多次以电话、传真及书面函件形式,并派员向B公司当面催收,但B公司以资金短缺为由未能支付。

截至2014年4月30日,B公司国金租(2012)租字第(A-006)号融资租赁合同项下到期应付未付租金人民币6 775 621.41元,未到期租金人民币86 523 397.44元,总计拖欠A公司人民币93 299 018.85元,违约金人民币491 890.00元(实际计算至付清之日止,包括租金违约金和保证金违约金,租金违约金按每天万分之一的标准计算,保证金违约金按每天万分之五的标准计算)。B公司欠付A公司第一期海关进口关税及增值税人民币750 330.92元。

2. 思考题

请对该案例中各方的权利与义务进行分析。

案例二:A公司、B公司民用航空器融资租赁纠纷案

1. 案情介绍

2016年5月31日,A公司作为出租人,B公司作为承租人,双方签订合同号16LJA0002CN飞机租赁协议,约定如下内容。①租赁物为2017年上半年交付的一架空客A321-211飞机,制造商序列号待定,装备有两台CFM56×××/3型发动机。②租期180个月,固定租金为每月390 000美元,之后按每年4%的比率进行相应调整。同时,承租人需交纳100万美元作为租赁保证金。③租金的金额设置以下列条件为前提:一是飞机的构型为协议附件1所示。二是非经常性成本(non-recurring cost,NRC)、买方装备设备(buyer furnished equipment,BFE)及飞机规格变更(specification change notice,SCN)的总成本为5 200 000美元(构型总限额),不得增加。一旦飞机NRC、BFE、SCN的实际总成本超过构型总限额,承租人应在计划交付日前十个营业日向出租人支付超额部分,否则租金将增加。④以下事项均属违约事件:未付款、未按约定投保、虚假陈述、交叉违约、破产、不利判决、重大不利影响等。⑤违约

赔偿金。如果任一违约事件发生,承租人应赔偿出租人因违约事件而可能直接或间接遭受的任何成本,包括但不限于出租人未能以同该协议一样有利的条款将飞机出租给其他承租人受到的利润损失,以及因出租人行使权利或救济而支出的成本、损失或者费用等。其后,A公司与B公司发生纠纷。

2. 思考题

请对飞机租赁协议中所预防的风险进行分析。

第五章 航空人员管理制度

第一节 案例导入

案例一:某重大飞行事故案

1. 案例简介

某航空公司执行的某班次定期客运航班任务,在某机场跑道进近时距离跑道处坠毁。事故造成 44 人遇难,52 人受伤,直接经济损失 3 亿余元。该事故属可控飞行撞地,事故原因为飞行员失误。

该重大飞行事故案公开宣判:被告人、机长齐某某犯重大飞行事故罪,被判处有期徒刑三年。法院经审理查明,被告人齐某某担任机长执行这次飞行任务,朱某某(事故中死亡)担任副驾驶,二人均为首次执行某机场飞行任务。当天 20 时 51 分,飞机从某国际机场起飞,被告人齐某某作为客运航班当班机长,违反航空运输管理的有关规定,在低于公司最低运行标准、未看见机场跑道的情况下,违规操纵飞机实施进近并着陆,致使飞机于 21 时 38 分坠毁。事故发生后,被告人齐某某未履行机长职责擅自撤离飞机。

2. 案例评析

该案涉及重大飞行事故罪。根据我国《刑法》第 131 条的规定,重大飞行事故罪是指航空人员违反规章制度,致使发生重大飞行事故。造成严重后果的,处三年以下有期徒刑或者拘役;造成飞机坠毁或者人员死亡的,处三年以上七年以下有期徒刑。

该罪犯罪构成如下。①主体为特殊主体。构成本罪的主体必须是具有特定职业、特定身份的航空人员。②主观方面表现为过失。在该案中,飞行机组在飞机撞地前出现无线电高度语音提示,且未看见机场跑道的情况下,仍未采取复飞措施,继续盲目实施着陆,属于已经预见而轻信能够避免,以致发生飞机撞地这种危害社会的结果。③侵害的客体是航空运输的正常秩序和航空运输安全。④客观方面表现为在航空运输活动中违反规章制度,因而发生重大事故,致人重伤、死亡或者使公私财产遭受重大损失的行为。根据事故调查报告,直接原因是机长和飞行机组违反规章制度,包括机长违反该航空公司《飞行运行总手册》的有关规定,在低于公司最低运行标准的情况下,仍然实施进近;飞行机组违反民航局《大型飞机公共航空运输承运人运行合格审定规则》的有关规定，在飞机进入辐射雾，未看见机场跑道、没有建立着陆所必需的目视参考的情况下，仍然穿越最低下降高度实施着陆；飞行机组在飞机撞地前出现无线电高度语音提示，且未看见机场跑道的情况下，仍未采取复飞措施，继续盲目实施着陆，导致飞机撞地。⑤后果：重大飞行事故。根据《生产安全事故报告和调查处理条例》的规定，事故划分为特别重大事故、重大事故、较大事故、一般事故。特别重大事故是指造成30人以上死亡，或者100人以上重伤，或者1亿元以上直接经济损失的事故。该案中，共造成44人死亡，14人重伤，29人轻伤，8人轻微伤，1人未作伤情鉴定，直接经济损失人民币3亿余元。经调查认定，该事故是一起特别重大飞行事故。

案例二：应某诉B航空公司侵犯人身权和名誉权案

1. 案例简介

应某持B航空公司客票，乘坐该航某航班。由于其座位距离头等舱较近，应某欲前往头等舱使用洗手间，经航空安全员劝阻后，应某大吵大闹并推搡机组人员，造成机上秩序混乱。在此情况下，航空安全员经机长同意后，给应某戴上手铐，采取了临时看管的强制措施。飞机降落后，机组将应某移交机场公安机关处理，机场公安机关最终并没有对应某作出任何处罚。数月后，应某以B航空公司的航空安全员侵害其人身权和名誉权为由，向法院提起诉讼，要求B航空公司赔礼道歉，赔偿精神损失和经济损失50万元。一审法院认为，民航公安机关未对应某的行为作出处罚，由此可以证明，航空安全员未能取得应某危及飞行安全、扰乱航空秩序的证据，对应某施以手铐，拘束其人身的行为超越了法律法规的限度，故判决航空公司败诉。二审法院认为原判以应某的行为未受到地面公安机关的处罚，来反推航空公司构成侵权，没有法律依据，判决应某败诉。

2. 案例评析

该案主要涉及机长职权、航空安全员职权，以及免责的问题。国际公约和我国国内法都对机长职权和航空安全员的职权进行了规定。1963年《东京公约》第6条规定：机长在有理由认为某个人在航空器上已经或将要犯有犯罪行为时就可对这个人采取合理的措施，包括必要的管束。机长可以要求或授权机组其他成员给予协助，并可以请求或授权，但不能强求旅客给予协助来管束他有权管束的任何人。根据我国《民用航空法》第46条及《中华人民共和国民用航空安全保卫条例》第23条的规定，机长对扰乱行为人具有管束权，有权为了确保飞机和所载人员及其财产的安全、维护机上良好秩序和纪律，暂时限制行为人的人身自由。根据1963年《东京公约》第10条和2014年《蒙特利尔议定书》第10条的规定，无论是航空器机长、其他机组成员、旅客、机上安保员、航空器所有人或经营人或本次飞行是为他而进行的人，在因对行为人采取合理措施而被提起的诉讼中，概不负责。

本案中，应某在未被允许的情况下，擅自闯入头等舱，在被拦住后不服从管理且不听劝阻，影响了机上正常秩序并威胁机上旅客的生命安全。航空安全员为了控制客舱秩序，确保飞行安全，经机长授权后有权在飞行中对应某实施临时管束措施，如果没有超出必要的限度，则对应某不构成侵权。

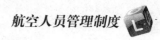

第五章 航空人员管理制度

案例三：A 航空公司机长跳槽事件

1. 案例简介

佟某于1993年从部队转业分配至 A 航空公司从事飞行工作,双方于 1996 年 5 月签订了无固定期的劳动合同。2005 年 10 月,佟某向 A 航空公司书面提出解除劳动合同,但 A 航空公司不同意。2005 年 11 月 17 日,佟某向某劳动争议仲裁委员会申请仲裁,要求解除与 A 航空公司的劳动合同,该仲裁委员会裁决解除劳动关系。A 航空公司不服,向法院提起诉讼,不同意解除劳动合同,并要佟某赔偿损失 210 万元。法院经过审理认为,佟某作为机长的择业自由不应受限制。A 航空公司应该将档案关系和社会保险随之转移。飞行记录本和航空人员的健康记录本等技术档案也一并转移。同时,佟某与 A 航空公司签订的是无固定期劳动合同,应该服务到法定退休年龄,否则应承担违约责任,赔偿 A 航空公司的损失。该损失应根据航空运输企业招收录用培训飞行员的实际费用,以及飞行员的服务年限等因素综合考虑,判决佟某赔偿 A 航 139 万元。

2. 案例评析

该案涉及的第一个问题是飞行员与航空公司之间的法律关系。根据《中华人民共和国劳动合同法》第 7 条的规定,用人单位自用工之日起即与劳动者建立劳动关系,用人单位应当建立职工名册备查。飞行员也是劳动者,任何领域的劳动者都有权选择流动。对于飞行员等特殊人才的管理,应该运用通行的办法,在投入培养之前应通过法律手段约定违约金等。

第二个问题关于飞行员辞职涉及的违约金计算的问题。首先,根据《中华人民共和国劳动合同法》第 22 条和第 25 条的规定,只有用人单位为劳动者提供了专项培训费用,对其进行专业技术培训,并且约定了劳动者的服务期,或者在劳动合同中签订有保密条款要求劳动者履行保密义务的,才可以约定违约金。除以上情形以外的任何其他情形,不得约定由劳动者承担违约金。飞行员辞职涉及的违约金,很大部分就是由于飞行员没有为航空公司服务完约定的服务期而应承担的违约金。其次,关于违约金计算的问题,《中华人民共和国劳动合同法》只规定了违约金的数额不得超过用人单位提供的培训费用,并且用人单位要求劳动者支付的违约金不得超过服务期尚未履行部分所应分摊的培训费用。违约金的确定、计算及分摊应以服务期为准。

第二节　航空人员管理制度概述

一、航空人员概述

1. 航空人员的含义

在国际上,关于航空人员没有统一的界定。目前,只有在《芝加哥公约》附件1《人员执照的颁发》中提到飞行组人员(包括各类飞机驾驶员、飞机领航员、飞机工程师、飞行无线电报员)和其他人员(包括航空器维护技术员、工程师或机械员、空中交通管制员、航务管理员、航空电台报务员)。

根据我国《民用航空法》的规定,航空人员是指接受专门训练,经考核合格,取得国务院民用航空主管部门颁发的执照,从事直接与空中航行有关工作的专业人员。航空人员可以划分为空勤人员和地面人员两大类。其中,空勤人员,是指在飞行中的民用航空器上执行任务的人员,包括驾驶员、领航员、飞行机械员、飞行通信员和乘务员;地面人员,是指在地面从事民用航空器维修的人员、负责空中交通管制的人员以及飞行签派人员和航空电台通信人员。《民用航空法(修订征求意见稿)》将"航空安全员"也纳入了"空勤人员"的范围。随着我国民航事业的飞速发展,外籍航空人员也加入我国的航空人员队伍中来了,我国法规也对雇佣的外籍飞行人员的条件做了规定。

2. 航空人员的地位

在航空活动中,各类航空人员都是不可缺少的,都应当符合规定的条件,各司其职,各负其责,团结协作,紧密配合,切实保障飞行安全。航空人员的业务素质、技术水平以及身体精神状况等对民用航空活动的安全至关重要。对于航空人员的资格及其管理,都必须建立起一整套的、严密的规章制度,在法律上予以保障,使之遵照执行。按照相关规定,每类航空人员都在其职责范围内有着特定职责,并以此保证民用航空活动安全有序地运行。

3. 航空人员的管理制度

1) 航空人员的准入制度

法律对航空人员的准入规定了严格的限制性条件。国际公约及各国法律都对航空人员的资格条件作了相应的规定。根据我国《民用航空法》的规定,航空人员应当接受专门的训练,经考核合格,取得国务院民用航空主管部门颁发的执照后才能担任执照载明的工作。

(1) 航空人员执照相关规定。航空人员的准入制度中最具有代表性的是航空人员执照的相关规定。1944年《芝加哥公约》附件1《人员执照的颁发》中对人员执照问题作了较为详细的规定:一是规定了担任飞行组成员的授权问题。除非持有有效执照,任何人不得担任航空器飞行组成员。该执照应由航空器登记国签发,或由任何其他缔约国签发并由航空器登记国认可有效。二是规定了认可执照的方法。当一缔约国认可另一缔约国签发的执照以代替自己另发执照时,必须通过在他国已签发执照上作适当批准,确定其有效。此类批准的有效期不得超过该执照的有效期限。三是规定了执照的有效性要求。一缔约国颁发执照后,必须保证持照人只有保持胜任能力并符合该国规定的近期经历要求时,方能行使该执照或相应等级所赋予的权利。此外,对体检合格、体检合格条件下降以及批准的训练等方面也作了具体规定。

我国航空人员执照的取得需要通过理论考试和技术考核,考核工作按照民航主管部门的有关规定进行。身体条件合格也是取得执照的必要条件之一。体格检查合格证书是对空勤人员在近一段时期内身体健康状况的描述和证明,民用航空主管部门的航空卫生职能部门负责制定有关的管理文件和程序,对航空人员的体检合格证的申请、审核、颁发和体检鉴定实施监督管理,并对航空人员作定期或不定期的检查和考核。必须同时持有有效的执照和体格检查合格证书,空勤人员才符合执行飞行任务的条件。

(2) 航空人员执照的种类。航空人员的执照是根据工作性质的不同进行分类的。我国的飞行人员执照分为驾驶员执照、飞行领航员执照、飞行通讯员执照、飞行机械员执照。飞机驾驶员执照又可分为私人驾驶员执照、商用驾驶员执照,以及航线运输驾驶员执照等。乘务人员执照分为 A、B、C 三类。A 类执照适用于执行国际航线(含地区航线)、国内航线飞行任务;B 类执照适用于执行国内航线(不含地区航线)飞行任务;C 类执照为实习生执照,临时执照。空中交通管制人员的执照可分为机场塔台管制员执照、进近管制员执照、区域管制员执照、进近(监视)雷达管制员执照、进近(精密)雷达管制员执照、区域(监视)雷达管制员执照、空中交通服务报告室管制员执照、地区管理局调度室管制员执照、总局调度室管制员执照。机务维修类的执照分为民用航空器维修人员执照、民用航空器部件修理人员执照、民用航空器维修管理人员资格证书。

2) 航空人员的日常管理制度

航空人员的日常管理也有相关的规定。我国《民用航空法》第 41 条、第 42 条对航空人员的日常行为进行了规范。具体概括如下:空勤人员执行飞行任务时,应当随身携带执照和体格检查合格证书,并接受国务院民用航空主管部门的查验。特定的航空人员应当接受国务院民用航空主管部门定期或者不定期的检查和考核;经检查考核合格的,方可继续担任其执照载明的工作。空勤人员还应当参加定期的紧急程序训练。空勤人员间断飞行的时间超过国务院民用航空主管部门规定时限的,应当经过检查和考核等。此外,航空人员优良作风建设是保证安全的基石。民航局对弘扬和践行当代民航精神,切实增强以"敬畏生命、敬畏规章、敬畏职责"为内核的敬畏意识,深入推进作风建设,不断提升专业素养等方面也提出了要求。

3) 航空人员的退出制度

航空人员在取得资格后因各种原因未能继续符合规定的要求和达到规定的标准,其航空人员的资格即告丧失。航空人员资格的丧失有执照的收留、收回以及自然中断和注销几种情形。

二、空勤人员管理制度

1. 机长

1) 机长的界定

根据《芝加哥公约》附件 1《人员执照的颁发》中的定义,机长是由经营人(如是通用航空则由所有人)指定的指挥飞行并负责飞行安全操作的驾驶员。

机长是航空器机组的负责人,应当由具有独立驾驶该型号民用航空器的技术和经验的驾驶员担任。如果机组中有两名以上正驾驶员,必须指定一名机长,并且在飞行任务书中注明。飞行中,机长因故不能履行职务的,由仅次于机长职务的驾驶员代理机长;在下一个经停地起飞前,民用航空器所有人或者承租人应当指派新机长接任。

2) 机长的职权

机长是航空器机组的领导者、负责人,在执行飞行任务期间,机长负责领导机组的一切活动,并对航空器及其所载人员和财产的安全负责,保证飞行任务的顺利完成。机长的职权主要体现在以下几个方面。

(1) 检查和拒绝起飞的职权。航空器执行飞行任务前,机长应对航空器实施必要的检查,当发现不利于飞行安全的因素时,如航空器故障,机场、气象等条件不符合有关规定,机长有权拒绝起飞。

（2）紧急情况下的处置权。如果遇到破坏民用航空器、危及航空器飞行安全的行为，扰乱航空器内秩序的行为，以及其他特殊情况时，为了保证飞行安全，机长有权采取必要的适当措施，或对航空器做出处置。包括发生紧急情况时，机长应采取必要的安全措施。航空器遇险时，有权采取一切必要措施，指挥机组人员和航空器上其他人员采取抢救措施或组织旅客安全撤离，机组人员未经机长允许不得撤离航空器，机长应当最后离开航空器。其他特殊情况，如航空器在执行飞行任务中发生航班不正常的情况，或其他突发事件，机长有权根据现场情况做出适当处置。

（3）机组人员的人事管理权。机组人员的活动由机长负责领导，当机长发现机组人员不适宜执行飞行任务时，有权对机组人员提出调整或其他合理安排。

（4）通知的职权。航空器在发生紧急情况时，机长应当和空中交通管制中心、搜寻和援救中心及飞行签派员保持密切联系，并充分考虑以上部门和人员提供的意见和建议。在紧急情况下，机长为了安全违反有关规章，包括最低天气标准的使用，应尽早通知有关机构或飞行签派员。

（5）险情报告和合理援助的职权。航空器在飞行过程中发现其他航空器或船舶遇险的，机长应及时向空中交通管制单位报告险情，并对遇险航空器或船舶给予及时合理的援助。

3）机长的安保职权

（1）对危及飞行安全、妨碍运输管理秩序的行为人行使合理措施的职权。按照1963年《东京公约》第6条的规定，机长有理由认为某人在航空器上已经或将要实施犯罪行为时，可对该人采取合理的措施，包括必要的管束。机长可以要求或授权机组其他成员给予协助，并可以请求或授权旅客给予协助。我国《民用航空法》第46条规定：飞行中对于任何破坏民用航空器、扰乱民用航空内秩序、危害民用航空器所载人员或者财产安全以及其他危及飞行安全的行为，在保证安全的前提下，机长有权采取必要的适当措施。《中华人民共和国民航安全保卫条例》第23条规定，机长在执行职务时，可以行使下列职权：在航空器飞行中，对扰乱航空器内秩序，干扰机组人员正常工作而不听劝阻的人，采取必要的管束措施；在航空器飞行中对劫持、破坏航空器或者其他危及安全的行为，采取必要的措施。

（2）对危及飞行安全、妨碍运输管理秩序的行为人使其离开航空器的职权。1963年《东京公约》第8条规定：机长在有理由认为某人在航空器内已犯或行将犯有公约所指出的行为时，可在航空器降落的任何国家的领土上使人离开航空器。机长按照本规定使一人在某国领土内离开航空器时，应将此离开航空器的事实和理由报告该国当局。我国《民用航空法》第46条和《安保条例》第23条第3款中"适当"和"必要"的措施中应当包含使行为人离开航空器的含义。机长在行使该职权时受到两个限制：一是要明确行为人离开航空器的目的，必须建立在航空器及其所载人员和财产的安全、维护机上良好秩序的基础上。二是使行为人离开航空器时，应当将事实和理由报告降落地国家当局。

（3）将危及飞行安全、妨碍运输管理秩序的行为人移交有关部门处理的职权。根据1963年《东京公约》第9条的规定，如果机长有理由认为，某人在航空器内实施的行为按照航空器登记国刑法的规定已经构成罪行时，可以将该人移交给航空器降落地任何缔约国的主管当局。机长拟将航空器内的该人移交给缔约国时，应当尽快在航空器降落于该领土前，将其要移交此人的意图和理由通知该国当局。

第五章 航空人员管理制度

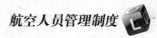

2. 航空乘务员

1) 航空乘务员的界定

航空乘务员是在航空器上工作,从事有关客舱服务工作和客舱安全工作的人员。航空乘务员在入职前需先接受航空公司提供的训练,合格后才可正式上任。训练包括服务、仪态、化妆、飞机安全、急救常识等,以确保在意外时及时应变。

2) 航空乘务员的职责

航空乘务员的职责是从事公共航空旅客运输中的客舱服务工作、客舱安全工作,以及有关辅助性工作,包括在航空器飞行中为旅客提供优质的服务,航空器舱门的开闭,舱内安全设施的使用,紧急情况下引导旅客紧急离机、疏散等应急处置工作。

在航空乘务员配备方面,按照1944年《芝加哥公约》附件6《航空器的运行》的有关规定,运营人必须按照飞机座位数量或所载乘客人数规定出各机型所需客舱乘务组的最少人数,这一最少人数规定必须获得运营人所在国的批准,以确保在发生紧急情况或需要应急撤离的情况时,能够安全迅速地撤离飞机并且能够履行必要的职责。我国《大型飞机公共航空运输承运人运行合格审定规则》中作了具体的规定。即合格证持有人在所用每架载运旅客的飞机上,应当按照下列要求配备客舱乘务员:对于旅客座位数量为20至50人的飞机,至少配备1名客舱乘务员;对于旅客座位数量为51至100人的飞机,至少配备2名客舱乘务员;对于旅客座位数量超过100人的飞机,在配备2名客舱乘务员的基础上,按照每增加50个旅客座位增加1名客舱乘务员的方法配备,不足50的余数部分按照50计算。

3. 航空安全员

1) 航空安全员的界定

国际公约将此类人员界定为机上保安员。1944年《芝加哥公约》附件17《保安——保护国际民用航空免遭非法干扰行为》最早明确了其定义,2014年《蒙特利尔议定书》中增加了机上安保员的内容。根据2017年第十版《芝加哥公约》附件17对机上保安员的定义,机上保安员是指由运营人所在国政府和登记国政府授权在航空器上部署的一名人员,目的是保护航空器及其乘员免遭非法行为干扰。这不包括用于为乘坐航空器旅行的一名或多名特定人员提供专门个人保护的人员,比如私人侍卫。附件17第4.7.7条中还规定了机上保安员应是"经过特别挑选和培训的政府工作人员"。ICAO《航空安保手册》将机上保安员的定义、选拔、培训、职责、值班、交手规则与机组协调、指挥与控制、部署、装备、保密、费用等方面的问题进一步予以了细化。

我国航空安保力量为空警、航空安全员并存。《民用航空法》并未提及机上专职安保力量的概念,其所界定的机组人员和空勤人员也不包括航空安全员。在法规层面,首次提及航空安全员概念的是《中华人民共和国民用航空安全保卫条例》第22条,但该条文只是从宏观上对机长领导下的机组安保职责进行了规定,并未对航空安全员的概念进行界定。《公共航空旅客运输飞行中安全保卫工作规则》对机组人员和航空安全员的概念进行了规范定义,但由于该规章由交通运输部制定,因而并未对空中警察的概念、职责等进行界定。目前,国内对机上专职安保力量进行了全面定义的是《国家民用航空安全保卫方案》,在2017版的方案中,提及了两类专职机上安保力量的概念:一是空中警察,即在民用航空器内依法防范和制止违法犯罪活动,维护民用航空器客舱秩序,保护民用航空器及其所载人员生命财产安全,

45

维护国家安全的人民警察。二是航空安全员,即为了保证航空器及其所载人员的安全,在民用航空器上执行航空安全保卫任务,具有航空安全员资质的人员,该概念与《公共航空旅客运输飞行中安全保卫工作规则》的定义一致。

2) 航空安全员的职权

2014 年《蒙特利尔议定书》第 6 条赋予了机上保安员以下职权:一是在机长的请求或授权下协助机长管束不循规或扰序旅客的职权;二是紧急情况下为保护航空器或所载人员或财产的安全,未经授权采取合理的预防措施的职权。我国在《公共航空旅客运输飞行中安全保卫工作规则》中对航空安全员的职责进行了规定。主要包括按照分工对航空器驾驶舱和客舱实施安保检查;根据安全保卫工作需要查验旅客及机组成员以外的工作人员的登机凭证;制止未经授权的人员或物品进入驾驶舱或客舱;对扰乱航空器内秩序或妨碍机组成员履行职责,且不听劝阻的,采取必要的管束措施,或在起飞前、降落后要求其离机;对严重危害飞行安全的行为,采取必要的措施;实施运输携带武器人员、押解犯罪嫌疑人、遣返人员等任务的飞行中安保措施;法律、行政法规和规章规定的其他职责。

三、地面人员管理制度

1. 飞行签派员

1) 飞行签派员的界定

根据 1944 年《芝加哥公约》附件 6《民用航空飞行签派员执照管理规则》的有关规定,飞行签派员是指由经营人制定从事飞行运行控制和监督的人员。

2) 飞行签派员的职责

根据我国《大型飞机公共航空运输承运人运行合格审定规则》的规定,飞行签派员应当对下列工作负责:监控每次飞行的进展情况;分析与发布该次飞行安全所必须的信息;如果根据其本人或者机长的判断,认为该次飞行不能按照计划或者放行的情况安全地运行或者继续运行时,取消或者重新签派该次飞行;当飞机追踪无法确定其位置且尝试建立联系未获成功时,通知相关的空中交通服务单位。此外,《大型飞机公共航空运输承运人运行合格审定规则》还对国内、国际定期载客运行的紧急情况下机长和飞行签派员的处置行动,补充运行的紧急情况,国内、国际定期载客运行中飞行签派员向机长的通告,在不安全状况中继续飞行的情况等相关要求进行了规定。

2. 空中交通管制员

1) 空中交通管制员的界定

空中交通管制员是指经过空中交通管制专业训练,持有相应执照并从事空中交通管制业务的人员,分为机场地面交通管制员和机场空中交通管制员。

2) 空中交通管制员的职责

空中交通管理的目的是为了有效维护和促进空中交通安全,维护空中交通秩序,保障空中交通顺畅,具体包括空中交通服务、空中交通流量管理和空域管理。空中交通管制员的职责包括指挥、协调辖区内的民航飞行活动,提供空中交通管制和通信导航监视、航行情报、航空气象服务;负责辖区内专机、重要飞行活动和民用航空器搜寻救援等空管保障工作。具

第五章 航空人员管理制度

体包括向航空器发出指示、批准航班的路线、要求航空器滑行至指定跑道或停泊位置、允许航空器的起飞、着陆以及报告风向及风速、指令飞行调整至指定高度、速度及舵向、以雷达为航空器导航以及与飞行员联络及提供额外情报。最重要的是，维持航空器之间一定的间距，以防止航空器相撞。在航空器遇险时，空中交通管制员在收到航空器发出的遇险信号后，应当迅速查明遇险航空器的位置和险情性质，立即采取措施，并报告上级。

3. 航空器维修人员

1）航空器维修人员的界定

航空器维修人员是指对地面的航空器进行维修、维护、翻修、改装、检查等业务的地勤人员。

2）航空器维修人员的职责

航空器的维修关系到航空器的安全和使用寿命，航空器维修工作在航空活动中是一项极为重要的工作。为保证航空器持续适航，航空器维修人员的职责是负责对航空器进行维修、维护、翻修、改装、检查等。其所需完成的任务包括按照相关维修手册及适用的适航标准规定的方法进行航空器结构、组件与系统的翻修、修理、检查、更换、改装或排故。

第三节 案例练习

案例一：M 航空公司暴力逐客事件

1. 案情介绍

某年 4 月，M 航某航班因满座，要求四名乘客将座位让给机组人员。其中一名乘客陶某某拒绝让位，结果被三名机场安保人员强行拖下飞机，在此过程中，陶某某摔倒撞上扶手，导致脑震荡、鼻梁骨折、掉落两颗牙齿。10 月，涉事的两名安保人员被解雇，另有一人被停职 5 天，还有一人辞职。当时检察长的报告指出，这些安保人员的处理行为不当，令事态从"非危险情况"升级为"身体暴力"。之后，涉事的一名安保人员将 M 航和某航空局告上法庭，声称自己没有得到关于如何应对行为不当的乘客的培训，而某航在要求安保人员带走拒绝离开飞机的乘客时，应该知道这需要安保人员使用武力。他表示，自己虽然接受了 5 个月的警察培训，但某航空局没有告诉他应该使用何种程度的武力。诉状称，如果得到了适当培训，就不会这样对待乘客，也不会因此被解雇。要求得到赔偿金，包括欠薪和退休金。

2. 思考题

该事件涉及哪些航空人员，其职责和权限是什么？

案例二：N 航空公司机长拒载事件

1. 案情介绍

在 N 航空公司航班上，3 名乘客在飞机起飞前被机长"赶"下了飞机。乘客汪某某称，由于是客户帮忙办的登机手续，所以并不知道座位非常靠后，而一位同伴因身体原因需要坐到前排，于是他们临时更换了座位。刚坐下不久，一位乘务人员表示那几个位置是高端客位区,是留给经济舱全价票乘客的,并要求她们回到原座位。虽然汪某某等人随即表示愿意承担成本将舱位升级,但乘务人员解释升舱是地面上的事情,飞机上办理不了。在交涉无果的情况下,机长出面要求汪某某对号入座,并表示如果不配合,将不飞上海,汪某某和同伴回到了自己的后排座位。约5分钟后,客舱内响起了广播:"地面公安将上来执行公务。"民警和机长沟通后,汪某某等人表示道歉。随后,三人被警察带下飞机,三人只得改乘其他航班返回上海。

2. 思考题

请结合该案例介绍机长的职权。

第六章
机场管理制度

第一节 案例导入

案例：A 机场少年坠机案

1. 案例简介

某日,14 岁的束某和 13 岁的梁某某自行离开 A 市救助管理站,并于当天傍晚从 A 机场北侧联航候机楼旁的围栏钻入后,进入停机坪北区玩耍。11 日清晨,两人爬入停靠在 A4 廊桥的某航空公司的 A320 飞机的后起落架舱内。8 点 10 分该航班起飞,飞机抬升到 50～100 米的高度后,起落架外舱门打开,准备收起落架。束某从飞机上坠地身亡,梁某某则抓住起落架舱内的管件随飞机降落 B 机场,被发现后送回 A 市,导致航空性中耳炎和听力受损。

在这起事故之中,针对 A 机场普遍存在以下几个疑问：A 机场为什么不把情况报告给空管部门？或者向飞机将要到达的 B 机场进行通报？A 机场于 11 月 11 日上午 8 点 12 分发现 14 岁少年束某坠亡在跑道上,9 点 43 分接到 B 机场发现另一名少年随飞机降落的情况。这个时间段 A 机场做了什么工作？飞机在起飞前机场方面为什么没有检查起落架的情况？

A 机场的答复是：机场的安全护卫和安全运输工作人员发现束某坠亡在第四滑行道上后,随即向 A 机场现场指挥中心作了汇报,现场指挥中心又立即将情况通报给有关领导和部门。随后,人们开始对现场进行清理,并着手调查。到上午 9 点 4 分,机场跑道被清理完毕,跑道恢复了正常运营。随后,机场就少年坠亡事件召开紧急会议,A 机场在会议进行中接到 B 机场的情况报告。A 机场在发现第一个少年坠落后,接到 B 机场情况报告之前,没有想过是否还有其他人处在飞机的危险部位,之所以没有及时通知空管部门和 B 机场,是因为认为从 A 市飞到 B 市只有一个小时的时间,发现情况时飞机已经快要降落 B 市,想采取紧急措施也来不及了。机场是根据列出的检查各型飞机的检查项目表上的要求,进行相关项目的检查,波音系列飞机专门设置了飞机在起飞前对起降舱的检测程序,而空客系列飞机的项目检查表上没有专门设置这个程序。

2. 案例评析

在该少年坠机案中,涉及当事各方的责任认定问题。

首先,机场方面,《中华人民共和国民用航空安全保卫条例》第 6 条规定:"民用机场经营人和民用航空器经营人应当履行下列职责:制定本单位民用航空安全保卫方案,并报国务院民用航空主管部门备案;严格实行有关民用航空安全保卫的措施;定期进行民用航空安全保卫训练,及时消除危及民用航空安全的隐患。"第 12 条规定:"机场控制区应当根据安全保卫的需要,划定为候机隔离区、行李分检装卸区、航空器活动区和维修区、货物存放区等,并分别设置安全防护设施和明显标志。机场控制区应当有严密的安全保卫措施,实行封闭式分区管理。"第 13 条规定:"人员与车辆进入机场控制区,必须佩带机场控制区通行证并接受警卫人员的检查。"第 15 条规定:"停放在机场的民用航空器必须有专人警卫;各有关部门及其工作人员必须严格执行航空器警卫交接制度。"民用机场开放使用,应当具备下列安全保卫条件:设有机场控制区并配备专职警卫人员;设有符合标准的防护围栏和巡逻通道;设有安全保卫机构并配备相应的人员和装备;设有安全检查机构并配备与机场运输量相适应的人员和检查设备;设有专职消防组织并按照机场消防等级配备人员和设备;订有应急处置方案并配备必要的应急援救设备。A 机场对于停放在内的飞机具有安全保障的责任,应当通过安检发现有小孩非法进入机场,有责任及时采取措施予以制止。但是机场并没有发现、制止,导致事故发生。机场在安全管理方面存在漏洞,没有严格执行民航法律法规的相关规定,应承担赔偿责任。

其次,航空公司方面,我国《民用航空法》第 45 条规定:"飞行前,机长应对飞机实施必要的检查;未经检查,不得起飞。"两个孩子藏在起落架舱内,作为机长竟然不知道,这在一定程度上说明该机长履行职责不到位。此外,按照规定,每次飞机起飞前都要对飞机安全状况进行一系列的检查,机组检查只是系列检查中的一个环节,在机组检查前,机务部门要对飞机进行严格的检查。根据我国《民法典》第 1165 条第 2 款的规定,依照法律规定推定行为人有过错,其不能证明自己没有过错的,应当承担侵权责任。该案中,航空公司不能证明损害结果是受害人所追求的,即不能证明两个小孩是故意追求自杀或受伤害的结果,应当承担一定的赔偿责任。

最后,少年本身存在违法行为,其父母负有监护责任,A 市救助管理站有一定责任。《中华人民共和国民用航空安全保卫条例》第 16 条规定:"机场内禁止下列行为:①攀(钻)越、损毁机场防护围栏及其他安全防护设施;②在机场控制区内狩猎、放牧、晾晒谷物、教练驾驶车辆;③无机场控制区通行证进入机场控制区;④随意穿越航空器跑道、滑行道;⑤强行登、占航空器;⑥谎报险情、制造混乱;⑦扰乱机场秩序的其他行为。"梁某某在事件发生时年满 14 周岁,有一定辨别及判断能力,对其攀越军事禁区和攀爬航空器的危险性应当有足够的认知,其虽系未成年人,但根据其年龄特点,不能以"未成年"为免责事由。少年的家长没有尽到监护责任,导致其进入机场安全隔离区,造成受害的后果,家长应当承担监护不力的法律责任。束某和梁某某作为未成年人,在未进入救助管理站时监管责任由父母或具有监管责任的人行使,进入监管站后监管责任发生变化。两人离开后造成事故表明监管站工作中存在失误,没尽到应有的监管责任,A 市救助管理站有一定的责任。

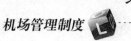

第二节 机场管理制度概述

一、机场概述

1. 机场的定义

1944年《芝加哥公约》附件14《机场》中关于机场的定义是：在陆地上或水面上一块划定的区域(包括各种建筑物、装置和设备)其全部或部分意图是供飞机降落、起飞和地面活动之用。我国《民用航空法》第53条对民用机场的定义是：民用机场是指专供民用航空器起飞、降落、滑行、停放以及进行其他活动使用的划定区域，包括附属的建筑物、装置和设施。规定民用机场不包括临时机场。

民用机场主要由飞行区、旅客航站区、货运区、机务维修设施组成，此外还包括供油设施、空中交通管制设施、安全保卫设施、救援和消防设施、行政办公区、生活区、生成辅助设施、后勤保障设施、地面交通设施等。

2. 机场的分类

按照使用性质的不同，机场可以分为民用机场、军用机场和军民合用机场。航空法中的机场一般指民用机场。

根据使用范围的不同，可以分为运输机场、通用航空机场、试飞机场和训练机场。运输机场是指从事民用航空运输经营活动，同时也可用于通用航空活动的机场。通用航空机场是指为工业、林业、农业、牧业、渔业生产和国家建设服务的作业飞行，以及从事医疗卫生、抢险救灾、海洋及环境监测、科学实验、教育训练、文化体育及游览等工作活动之用的机场。试飞机场是指为飞机研制、修理后进行试飞的工厂专用机场。训练机场是指民航飞行学院为培养和训练民航飞行人员的学校专用机场。

依据机场所服务的航线和规模，我国的机场可以分为大型枢纽机场、国内干线机场和支线机场。第一类是连接国际、国内航线密集的大型枢纽机场。第二类是以国内航线为主，空运吞吐量较为集中的国内干线机场。第三类是地方航线或支线机场。

此外，我国的民用机场还可以分为国际机场和国内机场。国际机场是指向国际民用航空组织登记并对外开放，可以接受外国航空器起降或备降的机场。国内机场是指我国国际机场以外的一切其他机场。

二、机场的法律地位

机场的法律地位主要指的是民用机场的法律地位。

1. 机场的公法法律地位：公共基础设施

机场可以被认定为公共基础设施、公益性设施或者公司实体财产。从机场活动来看，机场既具有公益性，也存在营利性。公共基础设施主要是为公众提供服务，为了公共基础设施的维护和进一步发展，也可以进行一定的盈利。依据我国《民用机场管理条例》的规定，民用机场是公共基础设施。这是我国首次对机场进行法律定位。

2. 机场与航空公司之间的关系视角：机场设施提供者与服务者

机场与航空公司之间是服务合同关系。机场是服务合同的当事人，机场设施的提供者，机场服务的提供者。机场为航空公司提供的服务主要包括提供飞机起降的跑道、停场的滑行道、停机坪；提供旅客上下飞机的廊桥、登机梯、摆渡车等；提供飞机的指挥与引导、飞机的监护以及机务服务；提供货邮及行李装卸服务；提供基本值机服务的离港系统、安全检查服务的安检系统以及候机的场所与设施；提供后台服务的配载系统及空中交通管制系统，以及柜台租赁服务等。

3. 机场与旅客的法律关系视角：服务提供者

机场与旅客之间是服务与被服务的关系。将机场定位为公共基础设施，此种服务关系是来源于机场作为公共基础设施的地位。且机场与旅客之间并无合同关系。依据我国《民用机场管理条例》对机场的公共基础设施的定位，机场有义务为旅客提供公共服务，此种服务是机场的法定义务。此外，由于机场定位的公共性，使得旅客对机场设施的使用失去了其消费性质。

三、机场管理法律规范

1944年《芝加哥公约》第15章"机场及其他航行设施"专门就航路和机场的指定、航行设施的改进、提供航行设施费用、理事会对设施的提供和维护、土地的取得或使用、开支和经费的分摊、技术援助和收入的利用等作出了原则性规定。1944年《芝加哥公约》附件14《机场》对机场的规划设计、管理和运行安全保障提出了一系列国际标准和建议措施。该附件是各缔约国制定本国机场各种规章制度、运行手册的基础。

我国关于机场管理的法律是《民用航空法》，规定了民用机场的布局和建设规划的审批程序、新建和扩建民用机场的公告程序、民用机场的安全保卫及净空保护、障碍物的清除、民用机场使用许可证的申请条件及审批程序、国际机场开放使用的特殊条件及审批程序、民用机场保证安全及搞好服务工作的原则要求、民用机场的环境保护、使用民用机场及其助航设施的使用和服务费以及民用机场的废弃或改作他用的报批程序等内容。关于机场管理的民航法规是《民用机场管理条例》，主要规范了我国境内民用机场的规划、建设、使用、管理及其相关活动。关于机场管理的民航规章有《民用机场建设管理规定》《民用航空运输机场航空安全保卫规则》等。此外，各机场结合自身实际情况，都制定了相应的管理细则和机场使用细则。

四、机场管理法律制度

我国有关机场管理的法律制度主要包括民用机场的使用许可制度、民用机场安全和运营管理制度等。

1. 民用机场的使用许可制度

我国《民用航空法》第62条对民用机场使用许可制度进行了规定，即国务院民用航空主管部门规定的对公众开放的民用机场应当取得机场使用许可证，方可开放使用。其他民用机场应当按照国务院民用航空主管部门的规定进行备案。并规定了申请取得机场使用许可证应当具备的条件，规定要按照国家规定验收合格。条件包括具备与其运营业务相适应的飞行区、航站区、工作区以及服务设施和人员；具备能够保障飞行安全的空中交通管制、通信导航、气象等设施和人员；具备符合国家规定的安全保卫条件；具备处理特殊情况的应急计划以及相应的设施和人员；具备国务院民用航空主管部门规定的其他条件。国际机场还应当具备国际通航条件，设立海关和其他口岸检查机关。第63条规定了民用机场使用许可证由机场管理机构向国务院民用航空主管部门申请，经国务院民用航空主管部门审查批准后颁发。

《民用机场管理条例》第16～21条细化了取得运输机场和通用机场使用许可分别应当具备的条件和履行的程序，并对机场关闭、更名、废弃或改作他用以及国际机场设立和开放程序做了要求。

1) 运输机场投入使用应当具备的条件

运输机场投入使用应当具备的条件是：有健全的安全运营管理体系、组织机构和管理制度；有与其运营业务相适应的飞行区、航站区、工作区以及空中交通服务、航行情报、通信导航监视、气象等相关设施、设备和人员；使用空域已经批准；飞行程序和运行标准符合国务院民用航空主管部门的规定；符合国家规定的民用航空安全保卫条件；有处理突发事件的应急预案及相应的设施、设备。

2) 通用机场投入使用应当具备的条件

通用机场投入使用应当具备的条件是：有与运营业务相适应的飞行场地；有保证飞行安全的空中交通服务、通信导航监视等设施和设备；有健全的安全管理制度、符合国家规定的民用航空安全保卫条件以及处理突发事件的应急预案；配备必要的管理人员和专业技术人员。

3) 国际机场设立和开放程序

运输机场作为国际机场使用的，应当按照国家有关规定设立口岸查验机构，配备相应的人员、场地和设施，并经国务院有关部门验收合格。国际机场的开放使用，由国务院民用航空主管部门对外公告；国际机场资料由国务院民用航空主管部门统一对外提供。

4) 运输机场关闭、更名、废弃或改作他用

机场管理机构应当按照运输机场使用许可证规定的范围开放使用运输机场，不得擅自关闭。运输机场因故不能保障民用航空器运行安全，需要临时关闭的，机场管理机构应当及时通知有关空中交通管理部门并及时向社会公告。空中交通管理部门应当按照相关规定发布航行通告。机场管理机构拟关闭运输机场的，应当提前45日报颁发运输机场使用许可证的机关，经批准后方可关闭，并向社会公告。运输机场的命名或者更名应当符合国家有关法律、行政法规的规定。运输机场废弃或者改作他用的，机场管理机构应当按照国家有关规定办理报批手续，并及时向社会公告。

2. 民用机场安全和运营管理制度

我国《民用航空法》和《民用机场管理条例》规定，民用机场投入使用必须有健全的安全管理制度和符合国家规定的民用航空安全保卫条件，对乘坐民用航空器的旅客及其行李，以及进入候机隔离区或民用航空器的其他人员和物品，必须进行安全检查，以保障民用机场的安全和正常运行。《民用机场管理条例》设专章规定了民用机场安全和运营管理。

1) 机场安全与运营管理组织

民用航空管理部门、有关地方人民政府应当加强对运输机场安全运营工作的领导,督促机场管理机构依法履行安全管理职责,协调、解决运输机场安全运营中的问题。民用航空管理部门、有关地方人民政府应当按照国家规定制定运输机场突发事件的应急预案。机场管理机构应当根据运输机场突发事件应急预案组织运输机场应急救援的演练和人员培训。机场管理机构、航空运输企业以及其他驻场单位应当配备必要的应急救援设备和器材,并加强日常管理。机场管理机构应当依照国家有关法律、法规和技术标准的规定,保证运输机场持续符合安全运营要求。运输机场不符合安全运营要求的,机场管理机构应当按照国家有关规定及时改正。

2) 机场运营管理组织

机场管理机构统一协调、管理运输机场的生产运营,维护运输机场的正常秩序,为航空运输企业及其他驻场单位、旅客和货主提供公平、公正、便捷的服务。机场管理机构与航空运输企业及其他驻场单位应当签订书面协议,明确各方在生产运营、机场管理过程中以及发生航班延误等情况时的权利和义务。机场管理机构应当组织航空运输企业及其他驻场单位制定服务规范并向社会公布。应当按照国家规定的标准配备候机、餐饮、停车、医疗急救等设施、设备,并提供相应的服务。应当与航空运输企业、空中交通管理部门等单位建立信息共享机制,相互提供必要的生产运营信息,及时为旅客和货主提供准确的信息。机场管理机构、航空运输企业以及其他驻场单位应当采取有效措施加强协调和配合,共同保证航班正常运行。航班发生延误,机场管理机构应当及时协调航空运输企业及其他有关驻场单位共同做好旅客和货主服务,及时通告相关信息。航空运输企业及其代理人应当按照有关规定和服务承诺为旅客和货主提供相应的服务。机场范围内的零售、餐饮、航空地面服务等经营性业务采取有偿转让经营权的方式经营的,机场管理机构应当按照国务院民用航空主管部门的规定与取得经营权的企业签订协议,明确服务标准、收费水平、安全规范和责任等事项。对于采取有偿转让经营权的方式经营的业务,机场管理机构及其关联企业不得参与经营。机场管理机构应当向民用航空管理部门报送运输机场规划、建设和生产运营的有关资料,接受民用航空管理部门的监督检查。民用航空管理部门和机场管理机构应当建立投诉受理制度,公布投诉受理单位和投诉方式。

3) 机场安全管理制度

机场管理机构对运输机场的安全运营实施统一协调管理,负责建立健全机场安全运营责任制度,组织制定机场安全运营规章制度,保障机场安全投入的有效实施,督促检查安全运营工作,及时消除安全事故隐患,依法报告生产安全事故。航空运输企业及其他驻场单位应当按照各自的职责,共同保障运输机场的安全运营并承担相应的责任;发生影响运输机场安全运营情况的,应当立即报告机场管理机构。机场管理机构、航空运输企业以及其他驻场单位应当定期对从业人员进行必要的安全运营培训,保证从业人员具备相关的知识和技能。发生突发事件,运输机场所在地有关地方人民政府、民用航空管理部门、空中交通管理部门、机场管理机构等单位应当按照应急预案的要求及时、有效地开展应急救援。

机场安全管理制度包括安全生产例会制度、安全状况定期评估制度、机场资料库制度、定期检查检测制度、人员资质及培训制度。管理机构必须定期召开安全生产分析会,对前一

第六章
机场管理制度

阶段的工作进行总结,对以后的工作进行部署,并对机场运行中出现不利于安全运行的因素或者已经出现安全生产事故时,及时制定切实可行的安全措施。机场管理机构要组织具有机场运行管理经验的人员或委托专业机构对机场的运行安全状况进行定期评估,根据规定,对评估中发现的安全隐患、薄弱环节,相关单位应当制订整改计划,明确整改的部门和人员,机场管理机构负责跟踪督促落实整改计划。机场管理机构应当建立并及时更新和补充机场资料库。资料库应当包括有关法律法规、规章、标准等,国际民用航空公约及相关附件、手册,与机场运行安全相关的所有规定、标准、手册等。机场管理机构应当依据有关规定,建立定期检查检测制度。检查检测制度应当包括检查周期、检查内容、通报程序和检查记录等。机场内所有与运行安全有关的岗位员工均应当持证上岗,该岗位人员应当持有相应的资格证书。机场管理机构还应当建立员工培训和考核制度。

4)机场设施管理制度

机场设施管理主要包括机场场道管理、航站楼的管理、机场专用设备的管理。对机场场道的管理主要包括机场道面检查清扫制度;机场道面摩擦特性标准;机场场道的检查维修制度;机场道面的除雪和除冰等。机场管理机构对航站楼实施管理,包括制定航站楼的整体布局;管理航站楼内的各种设施;对航站楼内的房屋和场地进行管理;负责航站楼内的治安管理;提供其他服务,如医疗救护、问询等服务。机场专用设备,是指为保障航空器飞行和地面运行安全,在民用机场内用于航空器地面保障、航空运输服务等作业的各种专用设备。机场专用设备包括飞行服务设备、航空地面电源、飞行区服务设备等。这些专用设备与机场的各种管理制度相互配合而加以使用,与机场的正常运作有密切的关系。机场专用设备应当符合国家规定的标准和相关技术规范,并经国务院民用航空主管部门认定的机构检验合格后,方可用于民用机场。民用航空管理部门应当加强对民用机场专用设备的监督检查。民用机场专用设备目录由国务院民用航空主管部门制定并公布。

5)机场要严格航空燃油供应管理制度

申请在民用机场内从事航空燃油供应业务的企业,应当向民用机场所在地地区民用航空管理机构提出申请。在民用机场内从事航空燃油供应业务的企业,应当具备的条件是:取得成品油经营许可和危险化学品经营许可;有符合国家有关标准、与经营业务规模相适应的航空燃油供应设施、设备;有健全的航空燃油供应安全管理制度、油品检测和监控体系;有满足业务经营需要的专业技术和管理人员。此外,航空燃油供应企业供应的航空燃油应当符合航空燃油适航标准。民用机场航空燃油供应设施应当公平地提供给航空燃油供应企业使用。运输机场航空燃油供应企业停止运输机场航空燃油供应业务的,应当提前90日告知运输机场所在地地区民用航空管理机构、机场管理机构和相关航空运输企业。

五、国际机场与联检制度

国际机场作为国际航班出入境的机场,承担着国际航线业务和飞行安全工作,国际机场也是一国对外交往的门户之一。国际机场的申请程序和申请条件要求比国内机场更高。

1. 国际机场的申请条件

1944年《芝加哥公约》对机场的国际通航条件作了相关规定。我国《民用航空法》也规定了国际机场应当具备国际通航条件,设立海关和其他口岸检查机关。

1) 机场设施与1944年《芝加哥公约》及其附件规定相符

1944年《芝加哥公约》的缔约国在认为可行的情况下,根据依公约随时建议或制定的标准和措施,在其领土内提供机场、无线电服务、气象服务及其他航行设施,以便利国际空中航行。

2) 设立海关和其他口岸检查机关

除按照1944年《芝加哥公约》的条款或经特许,航空器可以飞经一缔约国领土而不降停外,每一航空器进入缔约国领土,如该国规章有规定时,应在该国指定的机场降落以便进行海关和其他检查。当离开一缔约国领土时,此种航空器应从同样指定的设关机场离去。

3) 对外公告国际机场资料

所有指定的设关机场的详细情形,应由机场所在国公布,并送交国际民用航空组织,以便通知所有其他缔约国。我国《民用航空法》规定,国际机场的开放使用,由国务院民用航空主管部门对外公告;国际机场资料由国务院民用航空主管部门统一对外提供。

2. 国际机场的联检制度

联检制度是进出境的航空器检查的特殊形式,包括边防检查、海关检查、机场卫生检疫、机场动植物检疫及进出口商品检验。一国有权要求进入其境内的外国航空器在指定的设关机场起降并办理有关当局要求的检查检验手续。实行联检制度,是维护国家主权,保障国家利益和人民安全,防止发生不法事件的必要手段。

1) 边防检查

边防检查是为了保卫国家的主权和安全,对出入国境的人员等进行的检查。根据我国公民及外国人出入境管理的相关法律,由边防检查机关对出入境人员进行边防检查。我国由公安部主管出境入境边防检查工作,在国际机场设立出入境的边防检查站,负责对出入境人员及其行李、物品、航空器及其载运的货物实施边防检查,并按国家有关规定对出入境的航空器进行监护。出入境人员和航空器必须经国际机场或主管机关特许的地点通行,接受边防检查、监护和管理。

2) 海关检查

海关检查是对出入境的货物、邮递物品、行李物品、货币、金银、证券和运输工具等进行监督检查和征收关税的一项国家行政管理活动。是为了维护国家主权和利益,保护本国经济发展,查禁走私和违章案件,防止沾染病毒菌的物品入境而采取的检查措施。我国的国际机场中设有海关,对出入境货物和物品进行监管并征税。

3) 机场卫生检疫

我国在国际机场设立卫生检疫机关,实施传染病检疫、监测和卫生监督工作。机场卫生检疫的主要内容包括入境检疫航空器到达之前国际机场的告知义务;对入境航空器的检疫;对入境旅客的查验;入境检疫证的发放等。

4) 机场动植物检疫

动植物检疫制度是国家制定的出入境动植物检疫的法律规范。机场动植物检疫的范围包括对入境、出境、过境的动植物、动植物产品和其他检疫物实施检疫;对装载动植物、动植物产品和其他检疫物的装载容器、包装物、铺垫材料实施检疫;对来自动植物疫区的航空器实施检疫;对有关法律、行政法规、国际条约规定或者贸易合同约定应当实施出入境动植物检疫的其他货物、物品实施检疫。

5) 进出口商品检验

进出口商品检验是指由国家设立的检验机构或向政府注册的独立机构,对进出口货物的质量、规格、卫生、安全、数量等进行检验、鉴定,并出具证书的工作。对进出口的商品实行检验的主要目的是加强进出口的商品检验工作,保证和提高进出口商品的质量,维护对外贸易有关各方的合法权益。我国商检机构依法对进出口商品实施检验与管理。

第三节 案例练习

案例一:D机场少年坠机案

1. 案情介绍

D航某分公司一架飞机执行飞行任务,在飞机升高过程中,一名16岁的男孩李某某从飞机起落架舱内坠落。经有关部门证实,从起落架舱里坠落的男孩当场死亡,此飞机已于当日安全落地。飞机安全着陆后,机场安检人员、技术人员及机场公安立即对该机的所有部位进行了细致的调查取证,经技术人员的核实,发现在该机的起落架部位有明显的攀爬痕迹。经过机场与受害人家属双方协商,达成协议。协议主要内容:①李某某在本次事故中属非法侵入航空器和机场安全控制区,由于其已经死亡,不再承担责任。②机场为李某某家属补偿7万元,加上其他费用共11.36万元。③李某某的丧葬费和家属的花费由自己承担。④家属不再追究D航空公司的责任。⑤双方达成协议后不得毁约,家属若毁约要返还补偿金。

2. 思考题

请结合该案例分析各方责任,并结合本章内容对机场的责任进行重点分析。

案例二:E机场工作梯致损事件

1. 案情介绍

E机场突然刮起狂风,持续时间为10~15分钟。某公司停放在某机位的6个大型飞机维护工作梯和该机场的1个维护工作梯,在狂风的作用下被强行推移近200米,7个工作梯在滑行中分别撞击到某航校停放在停机坪上的4架某型号的飞机。最后,工作梯停在停机坪金属围栏附近,并造成约5米长钢围界倒塌。经现场勘查证实,7个工作梯在事发前均停放在机场公司指定的区域内,并且刹车支撑脚均在固定位。航校受损的4架飞机停放位置正确,且系留在位。

2. 思考题

请分析机场是否应该对该事件承担法律责任。

案例三:吴某某诉N机场人身损害责任纠纷案

1. 案情介绍

某日上午,吴某某持机票登机,在N机场通过安检通道取行李时,因有其他旅客从吴某某前面取行李,吴某某向后退,被身后安检台绊倒摔伤。经 B 市某医院诊断为腰椎骨折(L2、L3),医嘱卧床休一个月后复查。吴某某自行支付了医疗费和残疾辅助器具费。之后,吴某某向法院起诉,其认为 N 机场在安检过程中未尽到安全保障义务,给其造成人身损害和严重的精神损害,故要求 N 机场赔偿相应的医疗费、护理费、交通费、营养费、残疾赔偿金、残疾辅助器具费、精神损害抚慰金等。法院认为:宾馆、商场、银行、车站、娱乐场所等公共场所的管理人或者群众性活动的组织者,未尽到安全保障义务,造成他人损害的,应当承担侵权责任。该案中,因 N 机场安检通道中两个安检台摆放位置不合理,且未能采取有效疏导方式,导致部分旅客在行李放置台处滞留,后方其他旅客亦取行李时,造成吴某某被安检台绊倒,不能认定 N 机场已尽到应尽的安全保障义务,故应对吴某某的损失承担一定的损害赔偿责任。但吴某某作为完全民事行为能力人,其自身也应承担一定的责任,法院酌定其承担的责任比例为 20%。

2. 思考题

请结合该案例分析机场的法律责任。

第七章
公共航空运输法律制度

第一节 案例导入

案例一：阿某诉 D 航空公司国际航空旅客运输合同纠纷案

1. 案例简介

阿某购买了一张由 G 航空公司作为出票人的机票,机票列明的航程安排为:12 月 31 日 11 点,从上海乘坐 D 航空公司的某航班至我国香港;同日 16 点,乘坐 G 航空公司的航班至卡拉奇。机票背面条款注明,该合同应遵守《华沙公约》所指定的有关责任的规则和限制。该机票为打折票,机票上注明不得退票、不得转签。12 月 30 日 15 点,机场地区开始下中雪, 22 点至 23 点机场被迫关闭 1 小时,导致该日 104 个航班延误。次日因需处理飞机除冰、补班调配等问题,从机场起飞的航班有 43 架次被取消、142 架次被延误,出港正常率只有 24.1%。当日,该航班也由于天气原因延误 3 小时 22 分钟起飞,以至阿某一行到达我国香港机场后,未能赶上 G 航空公司飞往卡拉奇的衔接航班。

在机场候机时,阿某及家属已经意识到该航班延迟到达,会错过 G 航空公司的衔接航班,于是多次到 D 航空公司的服务台询问如何处理。D 航空公司工作人员让阿某填写了续航情况登记表,并表示填好表格后会帮助解决。阿某及家属到达后,D 航空公司工作人员向阿某告知了两个处理方案:其一为在中转机场等候三天,然后搭乘 G 航空公司下一航班,三天费用自理;其二为自行出资购买其他航空公司的机票至卡拉奇,约需费用 2.5 万港元。阿某当即表示这两个方案均无法接受。阿某的妻子因携带着婴儿,也无法接受 D 航空公司的处理方案,在焦虑、激动中给 D 航空公司打电话,但被告知有关工作人员已经下班。最终经机场工作人员交涉,阿某一行购买了 H 航空公司的机票及行李票,搭乘该公司航班绕道迪拜到卡拉奇。为此,阿某支出机票款 4721 港元、行李票款 759 港元,共计 5480 港元。

后阿某将 D 航诉至法院,一审法院判令 D 航空公司赔偿阿某损失人民币 5863.60 元。一审宣判后,D 航空公司提起上诉。二审法院驳回上诉,维持原判。

2. 案例评析

该案涉及国际旅客运输合同,涉及航班延误情形下承运人的责任问题。最核心的是对于天气原因导致的航班延误,航空公司对持有打折机票的换乘旅客未尽告知义务的责任承担问题。

机票是旅客运输的凭证,虽然航空公司在打折机票上注明"不得退票,不得转签"的内容,但是不能因此剥夺旅客在支付了票款后享有的按时乘坐航班抵达目的地的权利。1955年《海牙议定书》规定,承运人对旅客、行李或货物在航空运输过程中因延误而造成的损失应负责任。承运人如果证明自己和他的代理人为了避免损失的发生,已经采取一切必要的措施,或不可能采取这种措施时,就不负责任。我国《民用航空法》也规定了,承运人免责的前提是为避免损害已经采取了一切必要的措施或者不可能采取此类措施。根据上述法律规定,发生航班延误后,航空公司应尽到告知和提醒义务,包括及时播报航班延误信息,并有义务向滞留旅客(无论购买的是全额机票还是打折机票)提供航空公司掌握的其他旅途信息,以便该旅客作出正确抉择。如果航班由于天气原因发生延误,因航空公司不可能采取措施来避免该情况的发生,故其对延误本身无须承担责任,但航空公司必须采取一切必要的措施来避免延误给旅客造成的损失发生,否则即应对旅客因延误而遭受的损失承担责任。

该案中,航班由于天气原因发生延误,D航空公司不可能采取措施来避免发生,故其对延误本身无须承担责任。但航空公司仍需证明其已经采取了一切必要的措施来避免延误给旅客造成的损失发生。在浦东机场时,阿某由于预见到航班延误会使其错过G航空公司的衔接航班,曾多次向D航空公司工作人员询问该如何处理。D航空公司有义务向阿某一行提醒中转时可能发生的不利情形,劝告阿某一行改日乘机。但D航空公司却采取了让阿某填写续航情况登记表的做法,并表示填好表格后会帮助解决,从而使得阿某产生合理信赖。阿某一行抵达后,D航空公司未考虑阿某一行携带婴儿要尽快飞往卡拉奇的合理需要,而是向阿某告知了要么等待三天乘坐下一航班且三天中相关费用自理,要么自费购买其他航空公司机票的方案,将阿某一行陷入两难境地。由此可见,D航空公司没有采取一切必要的措施来避免因航班延误给旅客造成的损失发生,不应免责。对阿某购票支出的5480港元损失,D航空公司应承担赔偿责任。

案例二:我国首例机票"超售"案

1. 案例简介

肖某某以1300元的价格购买了N航空公司当日20点10分飞往广州的某航班七折机票。在肖某某到机场办理登机手续时,N航地面服务公司的工作人员告知,由于机票"超售"的原因,该航班已经满员,无法乘坐。N航地服公司安排肖某某转签Z航某航班,但随后N航的工作人员发现Z航航班也发生了延误,便又将肖某某转签至N航的另一航班,并免费为其升舱至头等舱(头等舱机票价格2300元)。等候期间,肖某某被安排在头等舱休息室休息。当日22时39分,肖某某乘坐该航班头等舱离港。此时距其原定起飞时间已近3小时。

肖某某后来将N航诉至法院,其认为自己从来没有听说过"超售"一事,在买票时也没有人告知自己机票是在"超售",被告对机票超售一事进行隐瞒,侵犯了消费者的知情权,并获取多销售机票的利益,因此N航空公司应当承担相应法律责任。法院经审理认为,原、被告之间的航空客运合同系消费性服务合同,《中华人民共和国消费者权益保护法》的规定,除与《民用航空法》特别规定相冲突之外,均应当予以适用。关于"超售",认定被告未尽到经营

第七章
公共航空运输法律制度

者的告知义务,损害了航空客运合同中旅客的知情权。但是,就被告的这种未尽告知义务的行为是否构成欺诈问题,应当结合我国航空客运市场的现实情况综合判断。由于行业管理者将"超售"作为行业特殊规则,在向社会公开的网站上予以介绍、认可,但却未作出必要的规范和管理。在此情况下,航空公司基于市场竞争等考虑,客观上未予披露,但并非主观进行虚假宣传或故意隐瞒,法院认为被告的行为不构成欺诈。被告虽然安排原告转乘其他航班,但已延误近三小时,构成履行迟延,应当承担违约责任。履行迟延后被告提高服务标准,仅能视为履行原合同义务,不能免除其本应承担的违约责任。关于赔偿数额,法院判令为相当于单倍机票价格的赔偿金。关于赔礼道歉的法律责任。由于原、被告之间的争议系合同履行纠纷,没有证据表明合同履行过程中,被告侵害了原告的精神性人格权利。因此,被告不应因本案争议承担赔礼道歉的法律责任。

2. 案例评析

该案首先涉及"超售"的合法性问题。"超售"是航空业的惯例,超售的对象是不特定的。美国在《美国联邦法规》中规定了超售制度,具有普遍适用性和法律效力;欧盟的超售拒载规范体现在欧盟261条例中,该条例对欧盟国家直接适用。我国在2021年出台的《公共航空运输旅客服务管理规定》中明确了承运人实施超售后应当承担相应的法律义务和责任。第42条规定:"承运人超售客票的,应当在超售前充分考虑航线、航班班次、时间、机型以及衔接航班等情况,最大程度避免旅客因超售被拒绝。"第43条规定:"承运人应当在运输总条件中明确超售处置相关规定,至少包括下列内容:超售信息告知规定;征集自愿者程序;优先登机规则;被拒绝登机旅客赔偿标准、方式和相关服务标准。"但具体超售处置规范是由航空公司自行制定。

在该案发生时,关于"超售"是否违反法律规定侵害了消费者的权益,有两种意见。第一种观点认为"超售"并不违法。"超售"这种售票方法是国外的通行做法,能提高旅客的整体出行率,而最终因为"超售"被剩下乘客的情形并不多,而且哪些乘客被剩下完全是随机的,不是航空公司故意在明知没有座位的前提下还卖票,只要航空公司能够安排旅客乘坐其他航班,客运合同继续履行,对旅客本人也没有损害。第二种观点认为"超售"侵害了作为旅客的消费者的知情权。即只要存在超售,就将使所有不特定的购票旅客都面临因飞机满员无法登机的风险,一旦无法登机就意味着出现了客运合同的履行障碍。因此,"超售"和旅客对于合同的期待息息相关,应当向旅客进行告知。"超售"没有在公众中形成广泛认知,航空公司有义务向旅客进行全面而充分的告知。中国民用航空局虽然有关于超售的网站说明,但是说明方法缺乏基本的普及性和明确性,必须通过计算机网络进行,还必须知道说明事项的明确位置。法院采用了第二种观点。在如今我国有了相关规定的情形下,超售政策已在民航局官网、承运人官网上予以公开,旅客因机票"超售"无法乘机时承运人也负有继续提供运输服务的义务和赔偿责任,并非存在故意诱导、转嫁风险的主观恶意。承运人不构成合同欺诈。

关于"超售"拒载纠纷的法律适用问题。1989年"亨迪肯诉斯堪的那维亚航空公司案"和1999年"米纳斯诉孟加拉航空公司案"的判例表明,关于"超售"拒载纠纷适用法律问题,国外不同法院有不同的结论。关于"超售"拒载造成的损害赔偿责任适用什么法律,应遵循法的一般规则。1929年《华沙公约》和1999年《蒙特利尔公约》并没有关于"超售"拒载的规定,于是指引适用相关国家国内法的规定。按照特别法优于一般法的原则,在我国,首先应适应《民用航空法》,但《民用航空法》并未对"超售"拒载造成损害赔偿责任作出规定,因此,应适应我国《民法典》和《中华人民共和国消费者权益保护法》的有关规定。

第二节　公共航空运输法律制度概述

一、公共航空运输合同制度

1. 公共航空运输合同的概念及特征

我国《民法典》第809条对运输合同做了界定,是指承运人将旅客或者货物从起运地点运输到约定地点,旅客、托运人或者收货人支付票款或者运输费用的合同。《民用航空法》第106条规定:"本章适用于公共航空运输企业使用民用航空器经营的旅客、行李或者货物的运输,包括公共航空运输企业使用民用航空器办理的免费运输。"尽管《国际民用航空公约》和我国《民用航空法》都没有对公共航空运输的定义,但是我们仍然可以依据上述规定对公共航空运输合同进行界定。公共航空运输合同是指经营航空运输的承运人与使用人之间达成的使用民用航空器进行旅客、行李或货物运输的协议。

航空运输并不签订具体的协议,而是通过旅客购票和托运人通过承运人填写货运单来确定双方的权利义务关系。《民用航空法》第111条规定:"客票是航空旅客运输合同订立和运输合同条件的初步证据。旅客未能出示客票、客票不符合规定或者客票遗失,不影响运输合同的存在或者有效。"航空运输凭证不是民用航空运输合同,客票、行李票、航空货运单是证明运输合同的订立和确立运输条件的初步证据。

公共航空运输合同作为运输合同的一种,与其他合同相比,具有以下法律特征。

(1) 双务、有偿合同。该合同双方的权利义务是一种对等给付关系,双方均负有义务并互为条件。旅客、托运人需要向作为承运人的公共航空运输企业支付相应费用,公共航空运输企业需要提供航空运输服务。

(2) 格式合同。公共航空运输合同的基本内容全部由承运人单方事先依法律、行业惯例、经营需要确定,旅客、托运人只有对合同表示接受或不予接受的权利,却没有对合同条件讨价还价的自由。不论旅客、托运人对合同内容知与不知,多知或少知,均要受其约束。但为了保护旅客和托运人的合同利益,对格式合同条款的争议,根据法律规定要作出不利于合同条款制定方的解释。

(3) 记名合同。公共航空运输合同是记名合同,而且是实名登记。每一张运输凭证都实名记载了旅客或托运人的名字和身份证号码,无论承运人还是代理人填发的客票、行李票、货运单等运输凭证,都是一种权利凭证,不可流通。

(4) 要式合同。公共航空运输合同是要式合同,旅客必须按照承运人提供的格式要求履行相应的义务,取得运输凭证,合同才成立。旅客购票必须凭本人有效身份证件或公安机关出具的其他身份证件,必须按照航空承运人提供的旅客订座单填写和选择相关内容,再由售票部门在旅客订座单上填写完成相关内容后才能出票。

第七章 公共航空运输法律制度

2. 公共航空运输合同的分类

根据不同的分类标准,公共航空运输合同可以进行不同的分类。

(1) 按航空运输对象的不同,可分为航空旅客运输合同和航空货物运输合同。航空旅客运输合同是航空承运人将旅客及行李运送至约定地点,旅客支付机票款的合同;航空货物运输合同是航空承运人与货物托运人之间依法提供并完成以民用航空器运送货物达成的协议。

(2) 按航空运输合同的履行区域的不同,可分为国际航空运输合同和国内航空运输合同。前者是运输的出发地、目的地或者约定的经停地之一不在我国境内的;后者是运输的出发地、约定的经停机和目的地均在我国境内的。

(3) 按航空运输主体权利义务关系的种类,可分为标准型航空运输合同和约定型航空运输合同。标准型航空运输合同,是指航空运输主体权利义务关系主要由法律规定的公共航空运输合同,合同条款基本都是格式条款,一般常见的公共航空运输合同基本都是标准型的。约定型航空运输合同,就是指航空运输主体权利义务关系除法律规定之外,还可由合同双方进行合乎法律规定的约定,合同条款除了格式条款外,还有合同双方协商约定的条款,比较常见的有包机(舱)运输合同。

3. 公共航空运输合同的订立、成立、生效和完成

合同的订立、成立和生效是三个不同的概念,但有着严密的逻辑关系。合同成立是合同生效的前提,而合同成立以合同订立为基础。合同订立是当事人为订约而相互协商的过程,包括要约邀请、要约、承诺。合同成立是达成合意的状态。合同生效则是基于已经成立的合同具有法律上的约束力。合同完成是各方权利义务均已实现,合同履行完毕。

公共航空运输合同的订立,是旅客根据航空承运人发布的航班班期,在购票时向承运人具体说明欲订的相应航班时刻、舱位等级等内容,这种对航空承运人作出明确具体的订约意思表示,是一种要约。托运人向具体航空公司提出运输请求,填写货物托运单,也为具体的要约,该要约到达航空公司时生效。航空承运人在接到订票单或者托运单后,如承运人同意开具航空客票和行李票或者航空货运单,并交付给订票人或者托运人,应视为承诺。公共航空运输合同的成立,是指双方意思表示达成一致,即旅客、托运人和航空运输承运人之间就航空运输合同的意思表示达成一致,合同即告成立。公共航空运输合同的生效,是指公共航空运输合同对双方产生拘束力,传统上认为自检票时生效,也有一种观点认为承运人出票时即生效。公共航空运输合同的完成,是指双方的权利和义务履行完毕,一般认为运送旅客或货物到达目的地即告完成。

1999年《蒙特利尔公约》第3条规定:"一、就旅客运输而言,应当出具个人的或者集体的运输凭证,该项凭证应当载明:(一)对出发地点和目的地点的标示;(二)出发地点和目的地点是在一个当事国的领土内,而在另一国的领土内有一个或者几个约定的经停地点的,至少对其中一个此种经停地点的标示。二、任何保存第一款内容的其他方法都可以用来代替出具该款中所指的运输凭证。"可见,《蒙特利尔公约》全面确立了电子运输凭证的法律地位。但是在电子客票推行过程中,航空运输合同的成立和生效具有很大的特殊性。电子客票实现了无纸化,并不是无票,其票面信息存储在订座系统中。关于航空电子合同的订立、成立和生效时间的认定,在我国,可以根据《民法典》第491条规定进行判断,即当事人采用信件、

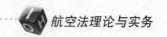

数据电文等形式订立合同要求签订确认书的,签订确认书时合同成立。当事人一方通过互联网等信息网络发布的商品或者服务信息符合要约条件的,对方选择该商品或者服务并提交订单成功时合同成立,但是当事人另有约定的除外。一般情况下,电子合同的成立时间就是电子合同的生效时间,合同成立的时间是对双方当事人产生法律效力的时间。一般认为收件人收到数据电文的时间即为到达生效的时间。

4. 公共航空运输合同的变更和解除

合同的变更有广义变更和狭义变更,广义合同变更包括合同主体与合同内容的变更,狭义合同变更仅指合同内容的变更。我国《民法典》第543条规定,当事人协商一致,可以变更合同。公共航空运输合同的变更,是指在航空运输合同的有效期间内,当事人根据情况变化,依照一定的程序,在双方协商一致的基础上对合同的相应条款进行部分变更和补充,即仅对合同内容的变更。合同的变更不是合同的消灭,而是发生相应的替代。合同的变更没有溯及既往的效力。例如,旅客张某某买了从甲地飞往乙地的机票,在中途经停地丙地因为天气原因延迟航班,此时旅客就不能要求对甲地飞至丙地的航班作出调整了。

合同解除是指合同当事人一方或者双方依照法律规定或者当事人的约定,依法解除合同效力的行为。合同解除分为合意解除和法定解除两种情况。我国《民法典》第562条规定,当事人协商一致,可以解除合同。当事人可以约定一方解除合同的事由。解除合同的事由发生时,解除权人可以解除合同。第563条规定,有下列情形之一的,当事人可以解除合同:因不可抗力致使不能实现合同目的;在履行期限届满前,当事人一方明确表示或者以自己的行为表明不履行主要债务;当事人一方迟延履行主要债务,经催告后在合理期限内仍未履行;当事人一方迟延履行债务或者有其他违约行为致使不能实现合同目的;法律规定的其他情形。第566条规定了合同解除的效力,即合同解除后,尚未履行的,终止履行;已经履行的,根据履行情况和合同性质,当事人可以请求恢复原状或者采取其他补救措施,并有权请求赔偿损失。合同因违约解除的,解除权人可以请求违约方承担违约责任,但是当事人另有约定的除外。公共航空运输合同的解除,是指在航空运输合同生效之后,完成之前,当事人之间达成一致或享有解除权的一方当事人行使解除权,从而消灭航空运输合同的行为。合同解除是彻底消灭合同关系,且具有溯及效力,典型的如退票行为。

5. 公共航空运输合同法律关系的构成

公共航空运输合同法律关系的构成包括主体、客体和内容。

1) 公共航空运输合同的主体

合同主体是实际享受合同权利并承担合同义务的人。公共航空运输合同主体包括承运人、旅客、托运人或收货人。航空旅客和行李运输合同的双方当事人是旅客与航空运输承运人。航空货物运输合同的双方当事人是托运人或收货人和航空运输承运人。

航空运输承运人是从事公共航空运输事业的企业法人,且只有取得民用航空运输许可的企业法人,才能从事民用航空运输业务。承运人包括缔约承运人和实际承运人两种。缔约承运人是指以本人名义与旅客或者托运人,或者与旅客或者托运人的代理人签订航空运输合同的人。实际承运人是根据缔约承运人的授权,以自己的名义履行航空运输合同所规定的全部或部分运输的人。实际承运人只有经缔约承运人授权才能够履行部分或全部的航空运输,其在授权范围内的行为,后果由本人承担责任。缔约承运人授权实际承运人履行航空运输,一般不采用书面形式,以实际承运人参与履行全部或部分航空运输的事实构成缔约承运人授权的初步证据。除非有相反证明,否则这种授权被认为是存在的。

旅客是指经承运人同意在民用航空器上载运除机组成员以外的任何人。因此未经承运人同意参与民用航空器的运输活动的人(如私自搭乘、偷乘飞机偷渡的人)不认为是旅客。经承运人同意免费载运的除机组成员以外的任何人是旅客。

托运人是指为货物运输与承运人订立合同,并在航空货运单或者货物运输记录上署名的人。收货人是指承运人按照航空货运单或者货物运输记录上所列名称而交付货物的人。

2) 公共航空运输合同的客体

公共航空运输合同的客体也称航空运输合同的标的。公共航空运输合同的客体是航空运输行为,是指承运人按照航空运输合同的约定,提供航空运输工具和与该运输条件相应的必要服务,将旅客、货物安全、及时地运送到目的地的行为。旅客、货物是被运送的对象,旅客同时还是航空运输合同的当事人。

3) 公共航空运输合同的内容

合同的内容就是合同当事人所约定的权利义务,包括合同的权利和合同的义务,简称债权和债务。公共航空运输合同的内容是指航空运输合同主体享有的权利和承担的义务。

在公共航空运输合同中,承运人主要承担以下基本义务:①强制缔约义务。我国《民法典》第810条规定了承运人的强制缔约义务,即从事公共运输的承运人不得拒绝旅客、托运人通常、合理的运输要求。法律赋予从事公共运输的承运人这样一种社会性义务。航空运输作为公共运输形式的一种,当然不能例外负有此种义务。②安全、正点运输义务。《民法典》第811条规定了承运人的安全运输义务,即承运人应当在约定期限或者合理期限内将旅客、货物安全运输到约定地点。《民用航空法》第95条规定,公共航空运输企业应当以保证飞行安全和航班正常,提供良好服务为准则,采取有效措施,提高运输服务质量。所谓保障飞行安全,就是使用民用航空器把旅客、行李、邮件和货物完好的运送到目的地而不发生任何人身伤亡和财产损失。所谓保证航班正常,是指公共航空运输企业按照公布的班期时刻把旅客、行李、邮件和货物安全、及时、完好地运送到目的地,不发生任何延误及其他方面的差错。③合理运输义务。《民法典》第812条规定了承运人的合理运输义务,即承运人应当按照约定的或者通常的运输路线将旅客、货物运输到约定地点。④其他义务。其他义务主要包括告知义务、救助义务、妥善保管旅客的行李义务。作为航空运输合同另一方当事人的旅客、托运人、收货人则应履行支付票款或运输费用的基本义务。

航空运输合同主体应享有以下权利:①参加航空运输的权利。旅客和托运人有权选择运输方式,有权要求承运人提供与该运输条件相应的必要服务,将其安全及时地运送到目的地。但是如果旅客和托运人要求提供的运输服务违反国家法律法规,不遵守运输规则,航空承运人有权拒绝承运。②要求对方作为或不作为的权利。航空承运人可以要求旅客和托运人按照合同约定缴付运输费用,也有权要求其不得有违反国家法律法规行为和不遵守运输规则的行为。旅客和托运人有权要求承运人按照合同约定提供航空运输工具和与该条件相应的必要服务,将其安全及时地运送到目的地。

二、公共航空运输企业制度

1. 公共航空运输企业的定义和特征

根据我国《民用航空法》第91条、92条的规定,公共航空运输企业,是指以营利为目的,使用民用航空器运送旅客、行李、邮件或者货物的企业法人。企业从事公共航空运输,应当向国务院民用航空主管部门申请领取经营许可证。

公共航空运输企业的特征:①公共服务性。公共航空运输企业是为公众提供服务的。公共航空运输企业以自己的航空器为所有的旅客、货主提供服务,具有服务对象的广泛性。中外旅客、货主都可以享受到公共航空运输企业提供的运输服务。②营利性。公共航空运输企业是以营利为目的的。航空公司的经营成本非常高,为了生存与发展,就必须要赢利。③公共航空运输企业必须是企业法人。公共航空运输企业必须是有独立的财产、独立的法律人格、独立的组织机构、独立对外承担民事责任的企业法人。

2. 公共航空运输企业的设立条件

设立公共航空运输企业,应当具备下列条件:有符合国家规定的适应保证飞行安全要求的民用航空器,航空器必须办理国籍登记、权利登记,有适航证书;有必需的依法取得执照的航空人员,航空人员的种类、数量符合条件;有不少于国务院规定的最低限额的注册资本。法律、法规所规定的其他条件。

3. 公共航空运输企业的设立程序

公共航空运输企业设立的主要程序:向中国民用航空局提出书面申请,须提交设立申请书、可行性研究报告、负责人履历、验资证明、其他文件;中国民用航空局批准筹建,获得审批证书;两年内筹建企业;向中国民用航空局申请经营许可证;登记注册,领取企业法人营业执照。未取得经营许可证的,工商行政管理部门不得办理工商登记。依照《中华人民共和国公司法》的规定,公共航空运输企业的组织形式为有限责任公司或股份有限公司。

4. 公共航空运输企业的主要管理规范

我国的《民用航空法》对公共航空企业的主要经营活动进行了规定。公共航空企业的主要经营活动及有关管理规范包括以下几个方面。

(1) 定期航班运输。《民用航空法》第96条规定:"公共航空运输企业申请经营定期航班运输的航线,暂停、终止经营航线,应当报经国务院民用航空主管部门批准。公共航空运输企业经营航班运输,应当公布班期时刻。"公共航空运输企业经营定期航班运输的航线必须申请而且要得到民航局的批准。民航局通过对航线的审批使我国空域得到充分、合理的利用,使我国各地区的航空运力得到协调发展。掌握各航空公司的具体飞行计划安排,以便实行有效的空中交通管制,确保飞行安全。民航局通过审批航线来对航空运输市场进行调控,保持运力和运量的基本平衡,使航空运输的发展符合国家民用航空发展的总体规划。公共航空运输企业暂停、终止经营航线,应当报经民航局批准。对公共航空运输企业来说,经过批准而经营某条航线,既是一种权利,也是一种义务。公共航空运输企业一旦进入运输市场,便相对稳定地承担着特定的运量,即在特定航线上运送旅客、行李、邮件或者货物。公共航空运输企业一旦暂停或终止某条航线的经营,对航空运输市场将产生一定的影响。为了将这种影响降到最低,应组织其他运力补充被某个公共航空运输企业放弃的航线,使航空旅客运输和航空货物运输得以正常进行。

(2) 不定期运输。《民用航空法》第 98 条规定:"公共航空运输企业从事不定期运输,应当经国务院民用航空主管部门批准,并不得影响航班运输的正常经营。"这类规定适用于在中华人民共和国领域内以及中华人民共和国和外国之间,从事运送旅客、行李、邮件或者货物的中国和外国民用航空器的一切不定期运输。公共航空运输企业从事不定期运输,不得影响航班运输的正常经营。

(3) 营业收费项目和运价管理。《民用航空法》第 97 条规定:"公共航空运输企业的营业收费项目,由国务院民用航空主管部门确定。国内航空运输的运价管理办法,由国务院民用航空主管部门会同国务院物价主管部门制定,报国务院批准后执行。国际航空运输运价的制定按照中华人民共和国政府与外国政府签订的协定、协议的规定执行;没有协定、协议的,参照国际航空运输市场价格确定。"所谓公共航空运输企业的营业收费项目,是指公共航空运输企业在经营活动中对旅客、货主可以收取哪些种类的费用,如客票票款、货运费、超重行李费、仓储费等。公共航空运输企业的营业收费项目,直接关系着旅客、货主的权益,关系着航空运输的市场秩序。

(4) 运输安全管理。《民用航空法》第 100 条规定:"公共航空运输企业不得运输法律、行政法规规定的禁运物品。公共航空运输企业未经国务院民用航空主管部门批准,不得运输作战军火、作战物资。禁止旅客随身携带法律、行政法规规定的禁运物品乘坐民用航空器。"第 101 条规定:"公共航空运输企业运输危险品,应当遵守国家有关规定。禁止以非危险品品名托运危险品。禁止旅客随身携带危险品乘坐民用航空器。除因执行公务并按照国家规定经过批准外,禁止旅客携带枪支、管制刀具乘坐民用航空器。禁止违反国务院民用航空主管部门的规定将危险品作为行李托运。危险品品名由国务院民用航空主管部门规定并公布。"第 102 条规定:"公共航空运输企业不得运输拒绝接受安全检查的旅客,不得违反国家规定运输未经安全检查的行李。公共航空运输企业必须按照国务院民用航空主管部门的规定,对承运的货物进行安全检查或者采取其他保证安全的措施。"

(5) 飞行安全管理。公共航空运输企业在设立时,必须拥有一定数量适航的航空器、合格的航空人员及必备的安全保障设施;在营业中,必须保持航空器的适航性、航空人员执照的有效性、各种设施运转的正常性。对此,民用航空主管部门定期和不定期地进行安全检查,实施监督管理。

(6) 安全保卫。《民用航空法》第 99 条规定:"公共航空运输企业应当依照国务院制定的公共航空运输安全保卫规定,制定安全保卫方案,并报国务院民用航空主管部门备案。"民用航空器的安全保卫工作非常重要,是航空运输活动能够顺利进行的前提条件。它不仅涉及公共航空运输企业自身的经济利益,还涉及国家利益、人民的生命财产安全以及国家的形象和声誉。

(7) 航空服务质量监督管理。《民用航空法》第 95 条规定:"公共航空运输企业应当以保证飞行安全和航班正常、提供良好服务为准则,采取有效措施,提高运输服务质量。"公共航空运输企业应当教育和要求职工严格履行职责,以文明礼貌、热情的服务态度,认真做好旅客和货物运输的各项服务工作。

(8) 国际航空运输的检查。《民用航空法》第 103 条规定:"公共航空运输企业从事国际航空运输的民用航空器及其所载人员、行李、货物应当接受边防、海关等主管部门的检查;

但是,检查时应当避免不必要的延误。"从事国际航空运输的民用航空器每次运输都要进出中华人民共和国边境,在设关的国际机场必须接受由国家有关部门如边防、海关、检疫等部门实施的必要的检查,以体现国家主权,捍卫国家权益。按照国际上的通行做法,边防、海关、检疫这三种检查,对进出中华人民共和国边境的民用航空器来说,都是十分必要的。

三、国际航空运输责任制度

国际航空运输责任已形成普遍适用的国际统一法律规则,即华沙体制的一系列公约、协定和议定书。

1. 国际航空运输责任的责任主体

1929年《华沙公约》所规定的责任主体只限于航空承运人及其代理人。随着航空商业活动的蓬勃兴起,单一的航空承运人及其代理人已不能代表所有的航空运输责任主体,现实中的责任主体逐渐呈现出单一化向多元化发展的趋势。

根据1929年《华沙公约》的条文规定,公约只适用于缔约承运人,实际承运人并不受公约的约束。1961年国际民航组织组织召开了外交会议,并签订了《瓜达拉哈拉公约》。该公约的第1条第2款规定:"缔约承运人"指"以业主身份与旅客或托运人,或与旅客或托运人的代理人订立一项适用华沙公约的运输合同的人",而"实际承运人"指"缔约承运人以外,根据缔约承运人的授权办理第2款所指全部或部分运输的人,但对该部分运输此人并非华沙公约所指的连续承运人。在没有相反的证明时,就认为授权是存在的"。《瓜达拉哈拉公约》不仅明确了缔约承运人和实际承运人的定义,还对两者的关系作了规定。1999年《蒙特利尔公约》延续了以往公约中关于连续承运人构成条件的规定,即"运输合同各方认为几个连续的承运人履行的运输是一项单一的业务活动的,无论其形式是以一个合同订立或者一系列合同订立,就本公约而言,应当视为一项不可分割的运输,并不仅因其中一个合同或者一系列合同完全在同一国领土内履行而丧失其国际性质"。

1955年《海牙议定书》在其条文中明确规定:"在公约(指1929年《华沙公约》)第二十五条之后加入下条:一、如因本公约所指的损失而对承运人的受雇人或代理人提起诉讼,而该受雇人或代理人能证明他是在其受雇职务范围内行事,他有权引用承运人根据第二十二条所得援引的责任限额……"1999年《蒙特利尔公约》中对承运人对其受雇人或代理人的责任有更为详细和具体的规定,不仅分别规定了在旅客伤亡、行李和货物的损失、延误等情况下承运人对其受雇人或代理人的责任,而且还针对新出现的缔约承运人和实际承运人规定了相互责任,即实际承运人的受雇人、代理人在受雇、代理范围内的作为和不作为,应当视为缔约承运人的作为和不作为;缔约承运人的受雇人、代理人在受雇、代理范围内的作为和不作为,应当视为实际承运人的作为和不作为。

2. 航空承运人的责任期间

航空承运人对国际航空旅客运输的责任期间:1929年《华沙公约》第17条明确规定,对于旅客因死亡、受伤或身体上的任何其他损害而产生的损失,如果造成这种损失的事故是发生在航空器上或上下航空器过程中,承运人应负责任。可以看出,承运人的责任期间包含了三个方面的内容,即在航空器上、上航空器的过程和下航空器的过程。1999年《蒙特利尔公约》基本延续了1929年《华沙公约》关于承运人责任期间的规定。但1999年《蒙特利尔公约》第 21 条中首次规定,在承运人责任期间内,因第三人的过失或者其他不当行为造成的损失,每名旅客超过 100 000 特别提款权的部分,承运人可以免责。可见,新的华沙体系公约仍倾向于缩小这一类的责任期间。

关于国际航空货物运输的责任期间：1929 年《华沙公约》第 18 条第 1 款规定,对于任何已登记的行李或货物因毁灭、遗失或损坏而产生的损失,如果造成这种损失的事件是发生在航空运输期间,承运人应负责任。第 18 条第 2 款规定,航空运输期间是指在机场内、航空器上或在机场外降落的任何地点,行李、货物处于承运人掌管之下的全部期间。航空运输期间要求是承运人的掌管事实,以及是承运人掌管的期间。1999 年《蒙特利尔公约》沿用了 1929 年《华沙公约》中"航空运输期间"这一表达形式,但却将其规定为"货物处于承运人掌管之下的期间"。1999 年《蒙特利尔公约》扩大了航空运输期间的范围,取消了以往公约中有关航空运输期间的地域限制,使"承运人对货物的掌管"成为了判断航空运输期间的唯一标准。

3. 国际航空运输责任的归责原则

1929 年《华沙公约》所采取的是过错推定责任原则,即首先推定航空承运人存在过错并将证明的责任交由承运人,只要承运人能够证明法定抗辩事由(一切必要措施或不可能采取此种措施)的存在,就可以免除其责任。

1971 年《危地马拉议定书》对承运人归责原则作出了调整,根据公约规定,因发生在航空器上或者旅客上、下航空器过程中的事件,造成了旅客死亡或者人身伤害的,承运人应当承担责任,但是,旅客的伤亡完全是由旅客本人的健康状况造成的,承运人不承担责任。公约确定了承运人对旅客的严格责任,即在航空事故发生后,承运人不能再以其不存在过错或已尽主要义务作为抗辩事由,而只能通过证明"伤亡是由旅客本人的健康状况造成的"免除自己的责任。

1999 年《蒙特利尔公约》创造了一个被称为"双梯度责任制度"的解决方式。公约的第 21 条规定:"一、对于根据第十七条第一款所产生的每名旅客不超过 100 000 特别提款权的损害赔偿,承运人不得免除或者限制其责任。二、对于根据第十七条第一款所产生的损害赔偿每名旅客超过 100 000 特别提款权的部分,承运人证明有下列情形的,不应当承担责任：损失不是由于承运人或者其受雇人、代理人的过失或者其他不当作为、不作为造成的；或者损失完全是由第三人的过失或者其他不当作为、不作为造成的。"

4. 国际航空运输责任的责任限额制度

在 1929 年《华沙公约》、1955 年《海牙议定书》、1971 年《危地马拉议定书》等公约的基础上,1999 年《蒙特利尔公约》提高了货物运输和延误所造成损害的赔偿限额,根据公约第 22 条的规定：在人员运输中因延误造成损失的,承运人对每名旅客的责任以 4150 特别提款权为限,在行李运输中造成毁灭、遗失、损坏或者延误的,承运人的责任以每名旅客 1000 特别提款权为限,在货物运输中造成毁灭、遗失、损坏或者延误的,承运人的责任以每公斤 17 特别提款权为限。考虑到经济发展和通货膨胀等因素对责任限额可能造成的影响,公约第 24 条规定：保存人(ICAO)应当对第二十一条、第二十二条和第二十三条规定的责任限额每隔五年进行一次复审……复审时应当参考与上一次修订以来或者就第一次而言本公约生效之日以来累积的通货膨胀率相应的通货膨胀因素……复审结果表明通货膨胀因素已经超过百分之十的,保存人应当将责任限额的修订通知当事国。该项修订应当在通知当事国六个月后生效。在将该项修订通知当事国后的三个月内,多数当事国登记其反对意见的,修订不得生效。

四、国内航空运输责任制度

1989年,国务院发布了《国内航空旅客身体损害赔偿暂行规定》,建立了航空承运人的责任制度。明确规定,旅客在航空器内或上下航空器过程中死亡或受伤,承运人应当承担赔偿责任。但承运人如能证明死亡或受伤是不可抗力或旅客本人健康状况造成的,不承担赔偿责任。此外,承运人如能证明死亡或受伤是由于旅客本人的过失或故意行为造成的,可以减轻或免除其赔偿责任。承运人按照本规定应当承担赔偿责任的,对每个旅客的最高赔偿金额为人民币两万元。同时,旅客可以自行决定向保险公司投保航空运输人身意外伤害险,此项保险金额的给付,不得免除或减少承运人应当承担的赔偿金额。

我国的《民用航空法》立法贯彻了尽可能与国际接轨的原则,从而第一次完善了我国航空承运人责任赔偿制度。我国的《民用航空法》第九章第三节规定了承运人的责任制度,主要规定了承运人对旅客人身伤亡、行李或者货物的毁灭、遗失、损坏的严格责任制和承运人对旅客行李或者货物延误造成损失的过失推定责任制。《民用航空法》明确规定了旅客、行李、货物运输中承运人的免责问题。在旅客、行李运输中,损失如果完全是由于索赔人的过错造成的,应当免除承运人的责任。损失如果是由于索赔人的过错促成的,应当根据促成此种损失的程度,相应减轻承运人的责任。旅客在航空运输责任期间出现伤亡,如果是完全由于旅客本身过错造成,应当免除承运人责任,如果是由旅客本人的过错促成的,应当根据过错的程度相应减轻承运人的责任。在货物运输中,损失如果完全是由于索赔人或者代行权利人的过错造成的,应当免除承运人的责任。损失如果是由于索赔人或者代行权利人的过错促成的,应当根据双方过错程度分摊责任。承运人享受上述免除或者减轻责任的前提条件,是履行举证责任,证明损失是由索赔人或者代行权利人的过错造成或者促成的。

《民用航空法》完全按照华沙体制规范制定,统一了中国国内航空运输与国际航空运输的法律规定,只是对赔偿限额作了不同的规定,国际航空承运人对每名旅客的赔偿限额为16 600计算单位,国内航空运输承运人的赔偿责任限额由国务院民用航空主管部门制定,报国务院批准后公布执行。国际航空运输赔偿责任限额16 600计算单位是参照1955年《海牙议定书》确定的标准;国内航空运输赔偿责任限额则按1993年国务院132号令确定责任限额人民币7万元执行。在实践中,赔偿标准逐年提高。

2006年经国务院批准的《国内航空运输承运人赔偿责任限额规定》加强了对消费者权益的保护,确定了国内航空运输责任限额的调整机制,对国内航空运输责任作了全面规定,对旅客、物品、行李和货物同时规定了不同的赔偿限额:规定对每名旅客的赔偿责任限额为人民币40万元;对每名旅客随身携带物品的赔偿责任限额为人民币3000元;对旅客托运的行李和对运输的货物的赔偿责任限额,为每千克人民币100元。

五、航班延误与航班超售相关法律制度

1. 航班延误相关法律制度

《国际民用航空公约》、我国《民用航空法》中没有对航班延误的定义,《航班正常管理规定》第3条对相关概念进行了界定。航班延误是指航班实际到港挡轮挡时间晚于计划到港

第七章 公共航空运输法律制度

时间超过 15 分钟的情况。航班出港延误是指航班实际出港撤轮挡时间晚于计划出港时间超过 15 分钟的情况。机上延误是指航班飞机关舱门后至起飞前或者降落后至开舱门前,旅客在航空器内等待超过机场规定的地面滑行时间的情况。大面积航班延误是指机场在某一时段内一定数量的进、出港航班延误或者取消,导致大量旅客滞留的情况。某一机场的大面积航班延误由机场管理机构根据航班量、机场保障能力等因素确定。

关于航班延误的法律责任规定,1929 年《华沙公约》第 19 条规定,承运人对旅客、行李或货物在航空运输过程中因延误而造成的损失应负责任。1971 年《危地马拉议定书》首次专门规定了航班延误对旅客的责任限额为 62 500 金法郎。1975 年《蒙特利尔第 3 号附件议定书》将其改为 4150 特别提款权。1999 年《蒙特利尔公约》第 19 条规定,旅客、行李或者货物在航空运输中因延误引起的损失,承运人应当承担责任。但是,承运人证明本人及其受雇人和代理人为了避免损失的发生,已经采取一切合理要求的措施或者不可能采取此种措施的,承运人不对因延误引起的损失承担责任。在人员运输中因延误造成损失的,承运人对每名旅客的责任以 4150 特别提款权为限。

我国关于航班延误的法律规定有《民用航空法》,其中第 126 条规定,旅客、行李或者货物在航空运输中因延误造成的损失,承运人应当承担责任;但是,承运人证明本人或者其受雇人、代理人为了避免损失的发生,已经采取一切必要措施或者不可能采取此种措施的,不承担责任。早在 2004 年民航局就出台了《关于国内航空公司因自身原因造成航班延误给予旅客经济补偿的指导意见(试行)》,指导各个航空公司,根据各自的情况制定标准,做好航班延误后的服务工作。2017 年 1 月 1 日起正式实施的《航班正常管理规定》是民航局第一部规范航班正常工作的经济类规章。《航班正常管理规定》从航班正常保障、延误处置、旅客投诉管理、监督管理、法律责任等各个方面,进一步明确了航空公司、机场、空管等航空运行主体的责任,为维护乘客合法的权益、保障正常航空运输秩序提供了法律依据。

2. 航班超售相关法律制度

1999 年《蒙特利尔公约》、我国《民用航空法》和《民法典》对"超售"均无规定。我国于 2014 年出台的《公共航空运输航班超售处置规范》规定了国内公共航空运输企业航班超售处置的基本要求、预计超售航班处置和航班超售处置的要求,适用于国内公共航空运输企业航班超售处置,对超售告知和补偿并未作出统一标准的要求。我国在 2021 年出台的《公共航空运输旅客服务管理规定》明确了承运人实施超售后应当承担相应的法律义务和责任,概括性规定了航空承运人主要承担的法律后果包括信息告知义务,按照志愿者征集程序和优先登机规则确定拒载旅客的义务,对被拒载旅客出具超售证明的义务以及对被拒载旅客的赔偿并提供相关服务的法律责任。

对于航空公司超售机票的行为,从其法律性质和责任种类而言,目前实践中有三种不同观点:①缔约过失责任。航空承运人在与消费者订立合同的阶段负有通知、诚实信用等先合同义务,在因承运人过错的情况下,致使旅客人身或财产受到减损或者丧失乘机的机会损失,应当承担缔约过失责任。②违约责任。航空承运人应尽的合同义务包括安全运输义务、救助义务以及告知义务等附随义务。在航空客运合同中承运人超售拒载的违约形态主要表现为拒绝履行。③侵权责任。承运人有义务保证旅客的人身安全,将旅客安全、及时地运到目的地,在旅客权益受到侵害的情形下,可要求承运人承担侵权责任。

第三节 案例练习

案例一:孙某诉 N 航空公司航空旅客运输合同纠纷案

1. 案情介绍

2015年9月某日,孙某在 X 机场转机换乘 N 航空公司航班回 Y 市,登机前,孙某将行李箱办理了托运手续,但航班到达 Y 机场后,孙某未能领取到行李。N 航空公司当即出具了行李运输事故记录,并承诺第二天将该行李箱送至孙某家中。N 航空公司未在第二天送交孙某的行李箱。直到2016年1月某日,N 航空公司找到行李箱后,将行李箱送至孙某家中,孙某认为行李箱之中的部分物品已丢失。双方就赔偿问题产生纠纷,孙某诉至法院。

一审法院未支持孙某的诉讼请求。法院认为当事人对自己提出的主张,有责任提供证据。孙某未能提供充分且有效的证据证明其将相机等物品放置于行李箱内且发生遗失。孙某提起上诉。二审判决 N 航空公司赔偿孙某损失共计3万余元。法院认为 N 航空公司有义务在航程结束后及时将托运行李交给孙某。根据孙某提交的行李运输事故记录记载的信息,证明 N 航空公司在查找行李方面存在消极处理的过错。根据 N 航空公司出具的"委托书"记载的内容,证明孙某托运的行李中装有其主张的丢失物品,并且孙某在 N 航空公司送交行李签收单已经注明物品丢失,N 航空公司对丢失的物品应当承担赔偿责任。根据我国法律规定,侵害他人财产的,财产损失按照损失发生时的市场价格或者其他方式计算,孙某主张的照相机等,根据购买发票记载的时间应当折旧处理,酌定按照购买价值的80%计算,共计3万余元。之后,N 航空公司提起再审。再审法院判决 N 航空公司赔偿孙某损失共计2000元。法院认为案由应为"航空旅客运输合同纠纷"。适用我国《民用航空法》中关于优先适用该法赔偿责任限额的原则的规定。《中国民用航空旅客、行李国内运输规则》和《国内航空运输承运人赔偿责任限额规定》对行李托运的条件及承运人的赔偿责任限额进行了规定。《民用航空旅客、行李国内运输规则》规定,旅客的托运行李每千克价值超过50元时,可办理行李的声明价值,承运人应按照旅客声明价值中超过每千克50元的价值的千分之五收取声明价值附加费,每一旅客声明价值的最高限额为8000元;贵重物品不得夹入行李内托运,承运人对托运行李内夹带贵重物品的遗失或损坏按一般托运行李承担赔偿责任。《国内航空运输承运人赔偿责任限额规定》,对旅客托运的行李和对运输的货物的赔偿责任限额为每千克人民币100元。由于本案孙某在办理行李托运时未声明价值,未交纳声明价值附加费,应按照其丢失行李在托运时的重量为基准计算赔偿责任限额。

2. 思考题

请结合该案例谈谈航空运输合同的特征,以及航空承运人的赔偿责任。

案例二:俞某诉 S 航空运输人身损害责任纠纷案

1. 案情介绍

俞某乘坐 S 航空公司航班从大连飞返杭州。飞行途中,S 航空公司的乘务员吴某在拉餐车进行发餐时,因飞机间歇性颠簸,餐车磕碰俞某右腿膝盖,导致俞某右腿膝盖受伤。俞某抵达杭州后到杭州市某医院治疗,经"右膝关节正侧位片"检查显示右膝关节诸骨未见明显骨质异常,关节间隙无明显狭窄,未见明显异常软组织影。而后又到杭州市某医院治疗,经诊断为右侧膝关节外伤后髌骨上移,建议推拿治疗。此后,俞某持续进行针灸和推拿治疗。之后,俞某诉至法院,要求S航空公司赔偿其治疗费、护理费、营养费、交通费等各项杂费;因其致伤导致病休产生当年收入损失、次年收入损失;S航空公司就其后续治疗将发生的各项费用承担赔偿责任;S航空公司支付其精神损失费;返还其夫妇机票价款。

法院认为,该案立案案由为航空旅客运输合同纠纷,根据俞某的诉请,调整为航空运输人身损害责任纠纷为宜。该案系因民法典施行前的法律事实引起的民事纠纷。根据《最高人民法院关于适用〈中华人民共和国民法典〉时间效力的若干规定》第1条第2款之规定,应当适用当时的法律、司法解释的规定。俞某乘坐S航空公司航班,飞行过程中S航空公司乘务员拉餐车发餐时餐车碰撞俞某右腿膝盖,导致俞某受伤,S航空公司应对俞某的合理损失承担损害赔偿责任。俞某要求S航空公司赔偿医疗费、交通费、误工费的诉讼请求,依据充分,予以支持。俞某的其余诉讼请求,依据不足,不予支持。

2. 思考题

请分析该案例中有关各方的责任。

第八章 航空安保法律制度

第一节 案例导入

案例一：美国科多瓦案

1. 案例介绍

1948年，美国一家航空公司的飞机从波多黎各的胡安飞往纽约。当飞机飞行于公海上空时，旅客科多瓦与桑塔诺二人发生争吵。乘务员进行劝解，二人不听劝阻且大打出手。其他旅客也纷纷拥向后机舱围观。由于重心忽然后移，使飞机失去平衡，机长紧急采取措施才使飞机得到控制。机长把飞机交给另一名驾驶员操纵，前往客舱制止这起事件。桑塔诺听从机长劝阻罢手不打了，而科多瓦却殴打机长和乘务员，并把女乘务员打成重伤。最终，旅客上前将其制服。之后，航空公司向纽约南区法院提起诉讼。纽约南区法院虽然完全相信科多瓦犯有暴力行为的证据，应当裁定他有罪，但无法定罪。因为该犯罪是发生在公海上空，美国法律只规定对在公海上的美国船舶内的犯罪有管辖权，但航空器不是"船舶"，所以美国法院对此案没有管辖权。因缺乏管辖的法律依据，结果只能使犯罪嫌疑人逍遥法外。

（资料来源：张君周.民航安保法律基础[M].北京：中国民航出版社，2015.）

2. 案例评析

美国科多瓦案案发生时，世界上大多数国家的法律实行的是域内管辖原则，尚无公约对航空器内的犯罪管辖权问题进行规定。所以，发生在航空器内的犯罪行为往往因为脱离了各国司法管辖，而陷入无人管理、无法管理或管理冲突的状态。主要表现为：当飞机处于不属于任何国家的公海上空时发生犯罪行为，没有任何一个国家愿意出面管辖；或者各国无法对此类犯罪行为行使管辖权；以及管辖冲突，即数国管辖同一起航空犯罪案件，可能引起管辖冲突问题。美国科多瓦案是在航空安保公约订立之前关于管辖权的一个典型案例。事件催生法律，航空安保公约应运而生。

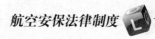

案例二：美国"9·11"事件

1. 案例简介

"9·11"事件是2001年9月11日发生在美国本土的一起恐怖袭击事件。美国当地时间2001年9月11日上午，19名劫机者共劫持四架民航客机，撞击美国纽约地标性建筑世界贸易中心（双子塔）和华盛顿五角大楼。导致2998人遇难，其中411名救援人员殉职。该事件是人类历史上迄今为止最严重的恐怖袭击事件。

（资料来源：央视新闻."9·11"事件11周年[EB/OL].(2011-09-11)[2023-08-13]. http://news.cntv.cn/special/91111zhounian/index.shtml.）

2. 案例评析

"9·11"事件发生后，国际社会发现既往航空安全保卫的组织结构、规章标准、应急行动流程和资源支持等无法适应那些富有想象力的攻击手法和攻击渠道，如果要避免再次发生类似或更大的悲剧，必须立刻改革航空安全保卫体系。国际民航组织召开大会，回应了此次恐怖袭击事件，要求各国代表加强合作，保证不庇护任何参与恐怖活动的人，同时要求对目前的航空安保公约的充分性进行审议，以应对利用航空器作为武器等新的和正在出现的威胁。国际民航组织在2001年9月25日召开的第33届会议上通过了将航空器作为武器的第A33-1号决议，以及加强国际民航组织防范非法干扰行为的A33-2号决议。这两项决议成为1970年《海牙公约》和1971年《蒙特利尔公约》修订的重要依据，也促使了国际民用航空安保公约的现代化。

案例三：洛克比空难

1. 案例简介

洛克比空难发生于北京时间1988年12月22日。当日，1988年12月21号，泛美航空公司的一架波音747客机从德国法兰克福经伦敦飞往纽约时，在苏格兰洛克比镇上空发生爆炸。机上259人无一生还，地面上也有11人受爆炸波及丧生。

（资料来源：央视网.洛克比空难造成200多人死[EB/OL].(2009-08-14)[2023-08-13]. https://news.cctv.com/world/20090814/102746.shtml.）

2. 案例评析

洛克比空难引起了国际社会对非法干扰行为的高度关注。在调查结果中提到是两名利比亚人制造这起事件，他们利用职务之便躲过机场安检，将带有炸弹的行李送上飞机，自己却没有上飞机。洛克比空难暴露出来的行李安全和行李舱安全问题，也导致了飞机安全条例的修改，严格执行"人和行李同机原则"。即乘客将行李托运后，如果这名乘客最终没有登机，则航空公司必须将这名乘客已经托运的行李从飞机行李舱中取出。也就是说，一架飞机行李舱中每一件被托运的行李，它的主人都必须在同一架飞机的客舱中随行李一起到达目的地。由于飞机安全条例的修改，导致无主行李再也无法转运，从而防止恐怖分子将携带爆炸装置或危险物品的行李托运后逃之夭夭。

第二节 航空安保法律制度概述

一、航空安保法律概述

1. 航空安保法律的概念和特征

1) 航空安保法律的概念

根据1944年《芝加哥公约》附件17中对航空安保的界定,航空安保是指为保护民用航空免受非法干扰行为而采取的措施和使用的人力、物力资源的总和。结合实践工作,将航空安保仅局限于"免受非法干扰行为"这个范围就有些窄了。航空安保活动的复杂性决定了航空安保法律的复杂性。本书将航空安保法律定义为:有关预防和制止危害航空安全和秩序的行为,保障航空运输活动中的人员生命和财产安全,维护航空运输秩序,规范航空安保行为的各种法律规范的总和。航空安保法律的任务是通过立法确立措施,有效防范与打击危害航空运输活动的违法犯罪行为,保障航空安保工作的顺利开展。

2) 航空安保法律的特征

航空安保法律具有国际性、复杂性和公法性的特征。航空安保法律具有突出的国际性。一方面是航空安保法律的形式具有国际性,航空安保法律包括了大量的国际公约、国际组织法律文件;另一方面,航空安保法律执行具有国际性,主要体现为缔约国之间的国际合作,如各国应当按照1944年《芝加哥公约》附件17《保安——保护国际民用航空免遭非法干扰行为》确立的标准与措施,开展各国的安保工作。航空安保法律不仅包括专门的航空安保国际公约,还包括联合国制定的多个反恐公约中有关航空安保的内容。从保护的对象来看,航空运输活动的安全以及正常的秩序属于公共利益的范畴。因此,应当属于公法调整的对象。从目前立法的内容来看,主要是关于航空安保领域的政府监管、职责分配、措施和标准的制定以及特别情况下的处置措施。

2. 航空安保法律的渊源

航空安保法律的正式渊源包括国际法渊源和国内法渊源。

1) 国际法渊源

航空安保公约是航空安保法律的主要国际法渊源。此外,有关航空安保的国际协定以及国际法律文件也属于航空安保法律的国际法渊源。

(1) 航空安保公约。其主要包括专门的航空安保公约与航空安保相关的公约。前者包括1963年签订的《关于在航空器上犯罪以及其他某些行为的公约》(1963年《东京公约》),1970年通过的《关于制止非法劫持航空器的公约》(1970年《海牙公约》),1971年通过的《关于制止危害民用航空安全的非法行为的公约》(1971年《蒙特利尔公约》),1988年通过的《关于制止在用于国际民用航空的机场发生非暴力行为以补充1971年9月23日订于蒙特利尔的制止危害民用航空安全的非法行为的公约的议定书》(1988年《蒙特利尔议定书》),1991年通过的《关于在可塑炸药中添加识别剂以便探测的公约》(简称1991年《在炸药中添加识别剂公约》),2010年通过的《制止与国际民用航空有关的非法行为的公约》(简称2010年《北京

第八章 航空安保法律制度

公约》)和《关于制止非法劫持航空器公约的补充议定书》(简称 2010 年《北京议定书》),2014 年通过的《关于修订〈关于在航空器内的犯罪和犯有某些其他行为的公约〉的议定书》(2014 年《蒙特利尔议定书》)。后者有《反对劫持人质国际公约》《制止向恐怖主义提供资助公约》《制止恐怖主义爆炸事件公约》等。

(2) 双边、多边协定。双边、多边协定是国家之间的法律文件。国际民航组织历来也倡导将双边和多边协定作为缔约国的一项航空安保立法措施。为此,1986 年、1989 年还专门推出了"航空安保条款范本"和"双边或区域航空安保协定范本"。各国通过借鉴国际民航组织提供的"航空安保条款范本",不断丰富与完善协议中的航空安保条款。

(3) 国际组织法律文件。联合国大会以及安理会做出了大量具有国际法效力的决议,这些决议直接或间接推动了航空安保立法的发展。例如,国际民航组织在第 33 届会议上通过了将航空器作为武器的第 A33-1 号决议,以及加强国际民航组织防范非法干扰行为的 A33-2 号决议。这两项决议是《海牙公约》和《蒙特利尔公约》修订的重要依据。国际民航组织还针对《芝加哥公约》附件 17 以及其他附件中与安保相关的内容,制定了相应的使用手册。2019 年 6 月,国际民航组织新发布了《不循规和扰乱性旅客法律问题手册》。

2) 国内法渊源

针对危害航空安全和秩序的行为,各国都制定了国内法。例如,美国有《联邦航空法》《反劫持航空器和空中交通安保法》《航空安保促进法》等,日本有《关于危及航空安全行为的处罚法》,英国有《航空安保法》等。

我国的国内航空安保立法分为法律、法规和规章等不同层次。法律层面,主要包括《中华人民共和国民用航空法》《中华人民共和国刑法》和《中华人民共和国治安管理处罚法》中针对危害航空安全和秩序行为的相关条款。行政法规层面主要包括《中华人民共和国民用航空安全保卫条例》及《民用机场管理条例》中有关机场安保的条款。部门规章层面主要是交通运输部针对安保工作制定的民航规章。

二、国际航空安保公约体系

1. 1963 年《东京公约》

1) 1963 年《东京公约》的产生背景

20 世纪 60 年代以来,劫持航空器的事件频频发生。由于航空的国际性使得此类事件具有"跨国犯罪"或者"国际犯罪"的特征,往往会涉及两个或两个以上的国家。但是当时对于此类事件中的刑事管辖权存在缺陷,导致犯罪行为人极易逃脱惩罚。国际社会亟须进行国际治理,通过国际公约赋予各国在本国登记的航空器内的刑事管辖权。1963 年 8 月 20 日,国际民航组织在东京举行会议,并于同年 9 月 14 在东京签署了《关于在航空器上犯罪及其他某些行为的公约》(简称 1963 年《东京公约》)。我国于 1978 年 11 月 14 日交存加入书,1979 年 2 月 12 日该公约对我国生效。

2) 1963 年《东京公约》的主要内容

1963 年《东京公约》是为了解决在航空器上犯罪的刑事管辖权问题、机长的职权以及各缔约国相互协助的责任等问题,是国际法上第一个建立航空器登记国对发生在飞行中的航空器内的犯罪行为拥有司法管辖权的公约。该公约的缺陷是没有对犯罪行为进行规范的定义,虽然对劫持航空器的问题作了一些规定,但是规定的不够明确,没有指明非法劫持航空器即构成犯罪,更没有制定具体的惩罚规则。1963年《东京条约》的主要内容如下。

(1) 规定了公约的适用范围。1963年《东京公约》第1条第1款规定,该公约适用于"甲、违犯刑法的犯罪行为;乙、危害或可能危害航空器或其所载人员或财产的安全,或危害航空器上的良好秩序和纪律的行为,无论是否构成犯罪行为"。该条款明确规定了公约适用于犯罪行为和破坏航空器内良好秩序的行为。第1条第2款规定,"本公约适用于在缔约一国登记的航空器内的犯罪或犯有行为的人,无论该航空器是在飞行中,在公海海面上,或在不属于任何国家领土的其他地区上"。该条款对公约的空间范围作了明确规定。此外,公约对"飞行中"有两个规定,第1条第3款规定"航空器从其开启发动机起飞到着陆冲程完毕这一时间都应被认为是在飞行中"。第5条第2款也规定了"航空器从装载结束、机舱外部各门关闭时开始直至打开任一机舱门以便卸载时为止的任何时候,应被认为是在飞行中"。

(2) 明确了航空器内犯罪的管辖权。1963年《东京公约》规定了缔约国对飞行中的航空器上发生的违法犯罪行为行使管辖权的基本规则,这是其最核心的内容。公约承认以航空器登记国管辖为原则,以非登记国享有刑事管辖权为例外。

首先,明确赋予了航空器登记国管辖权,也规定了登记国强制管辖的义务,同时又避免了与国内法的管辖权冲突。1963年《东京公约》第3条规定:①航空器登记国有权对在该登记的航空器内的犯罪与行为行使管辖。②缔约国都应采取必要的措施,对在该国登记的航空器内的犯罪和行为,规定其作为登记国的管辖权。③不排除依本国法行使的任何刑事管辖权。首次确认了航空器登记国管辖权,避免了处在公海或不属于任何国家领土的地区的航空器内犯罪可能出现的管辖权问题而使犯罪分子逃脱惩罚。

其次,规定了非登记国管辖权。为了平衡航空器登记国、飞经地国、当事人所属国和相关利益国家的管辖问题,《东京公约》制定了并行管辖体制。1963年《东京公约》第4条规定非登记国的缔约国在五种情况下可以对机上犯罪行使管辖权:一是该犯罪行为在该国领土上具有后果;二是犯罪人或受害人为该国国民或在该国有永久居所;三是该犯罪行为危及该国的安全;四是该犯罪行为违反了该国现行有关航空器飞行或驾驶的规则或规章;五是该国必须行使管辖权,以确保该国根据某项多边国际协定,遵守其所承担的义务。

(3) 明确了机长的职权。1963年《东京公约》赋予机长、机组人员及乘客以保护航空安全和维持良好秩序和法律的职权。规定机长认为某人在航空器内进行或准备进行犯罪行为时,可以对其采取必要的合理措施。1963年《东京公约》赋予了机长以下权力。

一是采取必要合理措施的职权。1963年《东京公约》第6条第1款规定:机长在有理由认为某人在航空器上已犯或行将犯第1条第1款所指的罪行或行为时,可对此人采取合理的措施,包括必要的管束措施,以便保证航空器、所载人员或财产的安全;维持机上的良好秩序和纪律;以及根据本章的规定将此人交付主管当局或使他离开航空器。这种"合理措施"可以包括较轻的口头制止措施,也可以包括最严厉的剥夺行为人自由的措施。只要机长采取的措施是必要的和合理的,就是合法的。这是在国际法中第一次规定机长在安保方面的职权。

二是要求他人进行协助的职权。1963年《东京公约》第6条第2款规定:机长可要求或授权其他机组人员协助,并可请求或授权旅客协助,以看管机长认为需要看管的人。此外,特殊情况下,任何机组人员或旅客如有正当理由认为,必须马上采取正当措施预防以保护航

第八章

航空安保法律制度

空器或者机上人员或财产安全,无须经过上述授权。本条对机长职权的内容也有限制性规定,即增加了"正当而又必要"的限制,以防机长职权的滥用。但是,这是一个客观的判断标准,只要机长所采取的措施是为了保证航空器、所载人员和财产的安全,或者维持机上良好秩序和纪律,其行为就合法。

三是要求实施违法行为的人在任何降落地点下机的职权。1963 年《东京公约》第 8 条规定:机长在有理由认为某人在航空器内已犯或行将犯第 1 条第 1 款乙项所指的行为时,可在航空器降落的任何国家的领土上使该人离开航空器,如果这项措施就第 6 条第 1 款甲项或乙项所指出的目的来说是必要的。机长按照本条规定使某人在某国领土内离开航空器时,应将此人离开航空器的事实和理由报告该国当局。这一职权主要是针对在机上犯有较轻罪行的人,只要机长认为有"必要"的理由,无论是否构成犯罪,都可以在任何国家的领土上降落,要求该人离开。公约明确规定,机长行使这一职权的目的必须是保证航空器及其所载人员和财产的安全,维护机上良好的秩序和纪律。

四是将在机上实施严重犯罪行为者移交给航空器降落地国主管当局的职权。1963 年《东京公约》第 9 条第 1 款规定,如机长有理由认为,任何人在航空器内犯了他认为按照航空器登记国刑法是严重的罪行时,他可将该人移交给航空器降落地任何缔约国的主管当局。对机上发生的严重犯罪行为,需要追究其刑事责任者,机长有将其押送降落地国治安当局的职权,以保证继续飞行时的安全。

五是机长及相关人员行使职权的保障措施。1963 年《东京公约》第 10 条规定:对于根据本公约所采取的措施,无论航空器机长机组其他成员、旅客、航空器所有人或经营人,或本次飞行是为他而进行的人,在因遭受这些措施而提起的诉讼中,概不负责。这是关于机长行使职权的免责条款,如果机长在行使公约规定的职权中有某些不当,导致被采取行动的人受到损害而引起行政、刑事、民事责任,则机长及相关人员应被免除此类责任。

2. 1970 年《海牙公约》

1) 1970 年《海牙公约》的产生背景

自 20 世纪 60 年代末,劫持航空器的事件达到空前频繁和严重的地步,并且蔓延至全世界。国际社会呼吁制定新的国际法律以惩治危害国际航空安全的犯罪。1970 年 3 月在蒙特利尔召开的法律委员会第 17 次会议上,国际民航组织指定的专门小组拟定了《制止非法劫持航空器公约》的草案。国际民用航空组织在海牙召开的外交会议上对草案进行了修改,并于 12 月 16 日签订了 1970 年《关于制止非法劫持航空器公约》(简称 1970 年《海牙公约》)。我国于 1980 年 9 月 10 日加入《海牙公约》,同年 10 月 10 日该公约对我国正式生效。

2) 1970 年《海牙公约》的主要内容

1970 年《海牙公约》惩治的犯罪主要针对非法劫持或控制正在飞行中的航空器。定义了非法劫持航空器的行为为犯罪行为,并在各缔约国作为一种严重犯罪应受到严厉处罚,而不是一种可以得到庇护的政治性犯罪。规定各国享有普遍管辖权,推翻了仅限于航空器登记国享有管辖权和租借航空器的使用国享有管辖权等局限性规定,任何发现所谓的罪犯的国家都有权拘留并将其引渡到航空器登记国或将案件移交。《海牙公约》的重要成果是使犯罪者没有可以躲避的场所,在世界的任何一个角落都将被起诉或被引渡。但是一些危害国际民用航空的严重犯罪行为尚未被规定进去。1970 年《海牙公约》的主要内容如下。

(1) 明确规定了劫持航空器的犯罪及犯罪构成

《海牙公约》规定：凡在飞行中的航空器内的任何人，用暴力或用暴力威胁，或用任何其他恐吓方式，非法劫持或控制该航空器，或企图从事任何这种行为，或者是从事或企图从事任何这种行为的人的同犯，即是犯有罪行。

本罪的犯罪构成如下：首先，本罪的客观方面的行为要件是通过暴力或者威胁的方式，非法劫持或控制正在飞行中的航空器的行为。暴力是指直接对航空器实施袭击或者对被害人采用危害人身安全和人身自由的行为，使其丧失反抗能力或者不能反抗的身体强制方法。劫持航空器的犯罪行为必须发生在飞行中的航空器内，对于"飞行中"的概念，《海牙公约》作出了明确的解释，即航空器从装载完毕，机舱外各门均已关闭时起，直至打开任一机舱门以便卸载时为止。如果航空器被迫降落时，在主管当局接管对航空器及其所载人员和财产的责任前，航空器应认为仍在飞行中。其次，本罪的客体是复杂客体，即不特定或多数乘客的人身、财产以及航空器本身的安全。再次，没有规定法人犯罪，该罪的犯罪主体只能是自然人。最后，本罪的主观方面只能是故意。

(2) 共同犯罪和犯罪的停止形态。1970年《海牙公约》规定了共同犯罪人也构成犯罪，即在飞行中的航空器上与劫持或者控制航空器者共谋，或者指挥、协助他人劫持航空器的人也共同构成劫持航空器罪。

1970年《海牙公约》规定了作为严重危害国际航空安全和秩序的犯罪行为，劫持航空器犯罪的未完成形态也作为犯罪行为予以处罚，这种未完成形态应当包括劫持航空器的犯罪预备形态和犯罪未遂形态。

(3) 完善了管辖权的规定。1970年《海牙公约》第4条规定了三种强制管辖权，即航空器登记国管辖权、降落地国管辖权和主要营业地（永久居所地）管辖权。具体而言，包括罪行是在该国登记的航空器内发生的航空器登记国管辖权；在其内发生罪行的航空器在该国降落时被指称的罪犯仍在该航空器内的将落地国管辖权；罪行是在租来时不带机组的航空器内发生的，而承租人的主要营业地，或其永久居所地国管辖权。同时，规定公约不排斥根据本国法行使任何刑事管辖权。

(4) 规定严惩原则以及或引渡或起诉原则。1970年《海牙公约》第2条规定：各缔约国承允对劫持航空器犯罪予以严刑惩治。要求各缔约国立法机关应按照本国法律将这类犯罪作为严重的普通犯罪规定刑罚。

《海牙公约》创立了"或引渡或起诉"原则。1970年《海牙公约》第7条规定：在其境内发现被指称的罪犯的缔约国，如不将此人引渡，则不论罪行是否在其境内发生，应无例外地将此案件提交其主管当局以便起诉。该当局应按照本国法律以对待任何严重性质的普通罪行案件的同样方式作出决定。第8条对"或引渡或起诉"原则作了更详细的规定，主要内容有以下几点：

① 劫持航空器犯罪是一种可引渡的罪行。劫持航空器犯罪应看作是包括在缔约各国间现有引渡条约中的一种可引渡的罪行。缔约各国承允将此种罪行作为一种可引渡的罪行列入它们之间将要缔结的每一项引渡条约中。

② 不以引渡条约为引渡条件。缔约各国如没有规定只有在订有引渡条约时才可引渡，则在遵照被要求国法律规定的条件下，承认上述罪行是其之间可引渡的罪行。据此，对于不以引渡条约为引渡条件的国家，有义务承认公约所规定的劫持航空器罪是可以引渡的犯罪。

如果缔约国之间没有引渡条约,缔约国可将1970年《海牙公约》视为引渡的条约依据。

③ 非强制性引渡。如一缔约国规定只有在订有引渡条约的条件下才可以引渡,而当该缔约国接到未与其订有引渡条约的另一缔约国的引渡要求时,可以自行决定认为《海牙公约》是否可以作为对该罪行进行引渡的法律根据。

④ 应当立即将不引渡的行为交付本国主管当局处置。嫌疑犯在缔约国的领土内时,如不予以引渡,则不论罪行是否发生在其境内,应无例外地将此案件提交其主管当局以便起诉。该当局应按照本国法律以对待任何严重性质的普通罪行案件的同样方式作出决定。

3. 1971年《蒙特利尔公约》和1988年《蒙特利尔议定书》

1) 1971年《蒙特利尔公约》和1988年《蒙特利尔议定书》的产生背景

由于《海牙公约》主要惩治针对飞行中的航空器进行的劫机犯罪。然而,危害国际航空安全的犯罪无处不在,采用破坏航空器、破坏机场上的航空器及航行设施等犯罪在世界各地也时不时发生。1970年9月,在伦敦召开了国际民航组织法律委员会第18次会议,拟出了《关于制止危害民用航空安全的非法行为的公约》草案。1971年9月23日,在蒙特利尔外交会议上,通过了《关于制止危害民用航空安全的非法行为的公约》(简称1971年《蒙特利尔公约》)。我国于1980年9月10日加入《蒙特利尔公约》,该公约于同年10月10日对我国正式生效。

鉴于袭击国际机场的事件时有发生,1988年2月24日,国际社会又在蒙特利尔签订了《关于制止在用于国际民用航空的机场内发生的非法暴力行为以补充1971年9月23日订于蒙特利尔的制止危害民用航空安全的非法行为的公约的议定书》(简称1988年《蒙特利尔议定书》)。该议定书扩大了1971年《蒙特利尔公约》的适用范围。

2) 1971年《蒙特利尔公约》的主要内容

1971年《蒙特利尔公约》首次提出"非法行为"一词,并详细规定了非法行为的各种表现形式。规定应受严厉惩罚的犯罪行为包括对飞行中航空器上的人实施的暴力行为、破坏或损坏航空器、在使用中的航空器上放置可以破坏该航空器或损坏航行设备的装置或物质,或是传送假消息而危害飞行中的航空器安全的行为。其中,直接破坏飞行中航空器的犯罪,以及破坏机场地面上正在使用中的航空器及其航行设施等犯罪是首次得到规定。但是没有规定对机场内服务人员和设备的犯罪以及破坏机场上未使用的航空器的犯罪。1971年《蒙特利尔公约》的主要内容如下。

(1) 扩展了危害民用航空安全犯罪的范围。《蒙特利尔公约》在惩治危害民用航空安全犯罪行为范围的设置上有很大的扩展,主要有以下种类。

① 暴力危及飞行安全的行为。《蒙特利尔公约》第1条甲款规定了暴力危及飞行安全罪:任何人如果非法地和故意地对飞行中的航空器内的人从事暴力行为,如果该行为可能危及航空器的安全,既是犯有罪行。各缔约国承允对该罪行给予严厉惩罚。该行为的对象是飞行中的航空器上的人员;主观方面必须是故意。

② 破坏使用中的航空器危及飞行安全的行为。《蒙特利尔公约》第1条乙款规定,任何人如果非法地和故意地破坏使用中的航空器或对该航空器造成损坏,使其不能飞行或可能危及其飞行安全,即是犯有罪行。各缔约国承允对该罪行给予严厉惩罚。《蒙特利尔公约》创立了"使用中"的概念,即从地面人员或机组为某一特定飞行而对航空器进行飞行前的准

备时起,直到降落后 24 小时止,该航空器应被认为在使用中;在任何情况下,使用的期间应包括公约所规定的航空器处于飞行中的整个时间。

③ 在航空器内放置装置或物质危及飞行安全的行为。《蒙特利尔公约》第 1 条丙款规定了在航空器内放置装置或物危及飞行安全罪:任何人如果非法地和故意地用任何方法在使用中的航空器内放置或使别人放置一种将会破坏该航空器或对其造成损坏使其不能飞行或对其造成损坏而将会危及其飞行安全的装置和物质,即是犯有罪行。各缔约国承允对该罪行给予严厉惩罚。

④ 破坏航行设施危及飞行安全的行为。《蒙特利尔公约》第 1 条丁款规定了破坏航行设施危及飞行安全的犯罪:任何人如果非法地和故意地破坏或损坏航行设施或妨碍其工作,如任何此种行为将会危及飞行中航空器的安全,即是犯有罪行。各缔约国承允对该罪行给予严厉惩罚。但是公约没有对"航行设备"作出具体解释。

⑤ 传送明知是虚假的情报的行为。《蒙特利尔公约》第 1 条戊款规定了传送虚假情报罪:任何人如果非法地和故意地传送他明知是假的情报,从而危及飞行中航空器的安全,即是犯有罪行。各缔约国承允对该罪行给予严厉惩处。"情报"是指包括保证航空器运行的安全、正常和效率所需的各种情报资料,如气象情报、导航信息等资料或者劫持航空器、炸机等信息。传播这些虚假的情报和信息可能会导致航空器紧急迫降,对飞行安全造成重大危害。

(2) 规定了五类危害航空安全犯罪的构成要件。客观方面,必须实施了具有危害民用航空安全的行为,并且必须具有危害民用航空安全的后果。《蒙特利尔公约》第 1 条规定的五类犯罪行为,都是与危害民用航空安全有关的犯罪行为。这些犯罪行为侵害了飞行中或者使用中的航空器及国际机场上的人员、设备及其未使用的航空器的安全。客体是危害了民用航空安全和航空运输秩序。主观方面,必须是一种故意犯罪行为。《蒙特利尔公约》第 1 条第 1 款规定的"非法地"包含有未经当局授权、许可或者无正当理由的意思。"故意地"则是对行为人实施犯罪行为时主观状态的要求,即行为人明知行为会产生危害社会的结果,主观上却希望或者放任这种危害结果的发生。该罪的主体是自然人。

(3) 关于管辖权的规定。《蒙特利尔公约》规定了四种管辖权:罪行是在该国领土内发生的犯罪行为发生地国管辖权;罪行是针对在该国登记的航空器,或在该国登记的航空器内发生的航空器登记国管辖权;在其内发生罪行的航空器在该国降落时被指称的罪犯仍在该航空器内的降落地国管辖权;罪行是在租来时不带机组的航空器内发生的,而承租人的主要营业地,或其永久居所地国管辖权。

3) 1988 年《蒙特利尔议定书》的主要内容

1988 年《蒙特利尔议定书》进一步扩展了 1971 年《蒙特利尔公约》对犯罪行为的规定,将发生在服务于国际民用航空的机场上的犯罪以及针对机场上未在使用中航空器的攻击包含进来。该议定书是为了应对发生在罗马、维也纳、雅典等地机场的暴力袭击导致伤亡的事件而被采用的。有争议认为,该议定书并不是急需的,因为上述行为完全定位在一个国家的领土内,并不包含任何必须去运用国际规范解决管辖权和法律运用等问题的国际因素。然而,当嫌疑犯逃离行为发生在所在国时,该议定书就可以发挥作用了,因为它承认发现嫌疑犯的任何一个国家都享有普遍管辖权。

在具体内容方面,根据 1988 年《蒙特利尔议定书》的规定:①任何人使用任何装置、物质或武器,非法地和故意地对用于国际民用航空的机场内的人实施暴力行为,造成或足以造成重伤或死亡,以致危及或足以危及该机场的安全,即为犯罪。②任何人使用任何装置、物质或武器,非法地和故意地破坏或严重损坏用于国际民用航空的机场的设备,或停在该机场上的未在使用中的航空器,或中断机场服务,以致危及或足以危及该机场安全的,即为犯罪。上述两种行为的未遂行为和共犯也均为犯罪。

4. 2010年《北京公约》和《北京议定书》

1) 2010年《北京公约》和《北京议定书》的产生背景

为了进一步完善国际航空安保公约体系,从而更好地保护国际航空运输活动,2010年8月30日至9月10日,国际民航组织在北京举行了国际航空安保外交会议,对《海牙公约》《蒙特利尔公约》及其议定书进行更新。2010年9月10日,大会通过了《关于制止与国际民用航空有关的非法行为的公约》(简称2010年《北京公约》)和《关于制止非法劫持航空器公约的补充议定书》(简称2010年《北京议定书》)。这是航空史上首次以我国城市命名的国际公约。制定《北京公约》的目的是在《蒙特利尔公约》和《蒙特利尔议定书》的基础上进一步补充和完善其法律规定,制定《北京议定书》的目的是修订《海牙公约》,以适应现时和未来维护航空安全的需要。《北京公约》和《北京议定书》于2018年1月1日生效。2022年10月30日我国全国人民代表大会常务委员会批准了《北京公约》,2023年6月28日批准了《北京议定书》。

2) 2010年《北京公约》的主要内容

《北京公约》共25条,其中12条为新增或是对1971年《蒙特利尔公约》进行修订的条款,主要包括增加了新的犯罪种类,并将其纳入"或引渡,或起诉"的法律体系,修改或新增相关定义,扩展了管辖权等。《北京公约》的主要内容如下。

(1) 增加了新型犯罪的种类,主要内容如下。

① 利用使用中的航空器作为武器的行为。《北京公约》第1条第1款第(6)项规定,"利用使用中的航空器旨在造成死亡、严重身体伤害,或对财产或环境的严重破坏",即构成犯罪。首先,犯罪主体必须以"造成死亡、严重人身伤害,或对财产或环境的严重破坏"为目的。该条款不适用于因机组人员违章使用航空器,在不经意间导致伤亡和破坏的行为。其次,该条款并不要求"死亡、严重身体伤害,或对财产或环境的严重破坏"实际发生。只要犯罪主体表现出利用航空器导致死亡、伤害或破坏的意图,不论是否造成后果都可定罪。

② 使用危险物质攻击航空器或其他目标的行为。《北京公约》第1条第1款第(7)和(8)项将以下行为规定为犯罪:从使用中的航空器内释放或排放任何生物武器、化学武器和核武器或爆炸性、放射性或类似物质而其方式造成或可能造成死亡、严重身体伤害或对环境的严重破坏;或对一使用中的航空器或在一使用中的航空器内使用任何生物武器、化学武器和核武器或爆炸性、放射性或类似物质而其方式造成或可能造成死亡、严重身体伤害或对财产或环境的严重破坏。第(7)项是指从航空器发出的针对其他目标的攻击,第(8)项是指针对民用航空器的攻击或在该航空器上的攻击。后者不仅包括从外部对航空器的攻击,也涵盖了在机舱内实施的攻击。

③ 非法运输生物、化学和核武器及其相关材料的行为。《北京公约》第1条第1款第(9)项规定以下行为构成犯罪,在航空器上运输、导致在航空器上运输或便利在航空器上运输以下四种物品或材料:第一,任何爆炸性或放射性材料,并明知其意图是用来造成,或威胁造

成死亡或严重伤害或损害,而无论是否具备本国法律规定的某一条件,旨在恐吓人群,或迫使某一政府或国际组织作出或放弃作出某种行为;第二,任何生物武器、化学武器和核武器,并明知其是第二条中定义的一种生物武器、化学武器和核武器;第三,任何原材料、特种裂变材料,或为加工、使用或生产特种裂变材料而专门设计或配制的设备或材料,并明知其意图将用于核爆炸活动或未按与国际原子能机构的保障监督协定置于保障监督措施下的任何其他核活动;第四,未经合法授权的任何对设计、制造或运载生物武器、化学武器和核武器有重大辅助作用的设备、材料或软件或相关技术,且其意图是用于此类目的。但涉及当事国进行的活动,包括当事国授权的个人或法律实体进行的活动,则不构成第三和第四目下的罪行,只要运输这类物品或材料或其使用或所进行的活动符合其作为当事国适用的多边不扩散条约包括第七条提到的条约拥有的权利、责任和义务。

④ 网络攻击空中航行设施的行为。由于1971年《蒙特利尔公约》已将破坏空中航行设施确定为犯罪,该罪名不是新增的罪名。随着科技的发展,犯罪分子开始利用新技术手段扰乱航空秩序,危及航空人员、乘客和航空器安全,如使用无线电发射器或其他手段干扰或改变地面或机载的航行或导航控制系统状态,或者篡改与航空运行相关的电脑数据等。针对这种新的情况,《北京公约》在第2条第(3)款的定义中加入了以下内容:空中航行设施包括航空器航行所必需的信号、数据、信息或系统。

(2) 扩大了犯罪主体的种类,包括组织或指挥犯罪。《北京公约》在1971年《蒙特利尔公约》第1条第4款中新增了组织或指挥犯罪这一罪名。

① 协助逃匿。《北京公约》第1条第4款中新增了将协助逃匿行为确定为犯罪。不仅将运送逃犯这种典型行为,而且将协助他人逃避该公约相关罪名的调查、起诉或惩罚的各种行为均确定为犯罪。但是,这种行为必须是非法和故意的。在不知情的情况下协助实施的有关行为不构成该罪。

② 威胁实施相关犯罪行为。《北京公约》第1条专门新增了一款罪名,即将威胁实施相关犯罪行为确定为犯罪,具体包括了威胁实施1971年《蒙特利尔公约》确立的四种犯罪行为、《北京公约》新增的三种犯罪行为。

③ 共谋或商定犯罪。共谋或商定犯罪也是《北京公约》单独新增的一款罪名,明确规定"无论是否实际已实施或企图实施"相关罪行,均成立该罪。

(3) 扩展了管辖权。《北京公约》第8条第1款在1971年《蒙特利尔公约》规定的四种管辖权的基础上,增加了一种强制性管辖权。即犯罪由该国国民实施的情况下,该当事国应当采取必要措施,确立其对该行为人的国籍国管辖权。这是国家管辖权中的"属人管辖权"。《北京公约》第8条第2款还增加规定了两项选择性管辖权。即犯罪是针对该国国民实施的或者犯罪由其惯常居所在该国境内的无国籍人实施的。每一当事国也可以对任何这种犯罪确立其管辖权。犯罪是针对该国国民实施的规定,是基于保护性管辖原则确定的。这一修改加大了国际社会对国际航空犯罪的管辖机会,强化了对国际航空犯罪的追诉。

(4) 修改引渡条款,排除政治犯不引渡原则的适用。《北京公约》第13条规定:"为引渡或司法互助的目的,第一条中所列的任何罪行均不应当被视为政治罪或与政治罪有关的罪行或政治动机引起的罪行。因此,对于此种罪行提出的引渡或司法互助请求,不得只以其涉及政治罪或与政治罪行有关的罪行或政治动机引起的罪行为由而加以拒绝。"第14条规定:"如果被请求的当事国有实质理由认为,请求为第一条所列的罪行进行引渡或请求为此种罪行进行司法互助的目的,是为了因某人的种族、宗教、国籍、族裔、政见或性别而对该人进行起诉或惩罚,或认为接受这一请求将使该人的情况因任何上述原因受到损害,则本公约的任何规定均不应当被解释为规定该国有引渡或提供司法互助的义务。"明确了危害国际民用航空安全的犯罪不属于"政治犯罪"。

3) 2010 年《北京议定书》的主要内容

根据 2010 年《北京议定书》第 19 条的规定:在本议定书当事国之间,公约和本议定书应作为一个单一文书一并理解和解释,并称为经 2010 年北京议定书修正的《海牙公约》。2010 年《北京议定书》对有关犯罪定义进行了修改,在时间、空间以及犯罪行为的实质内容等方面扩展了公约的适用范围。

《北京议定书》第 2 条修订为:任何人如果以武力或以武力威胁、以胁迫、以任何其他恐吓方式,或以任何技术手段,非法地和故意地劫持或控制使用中的航空器,即构成犯罪。首先,《北京议定书》在时间和空间上都扩展了该条款的适用范围。删除了"飞行中",采用"使用中"的概念,扩大了该条在时间上的适用范围;删除了"航空器内"这一限定地点的表述,扩展了该条款在空间上的适用范围。其次,《北京议定书》增加了更多的应受刑事处罚的犯罪行为。不仅适用航空器内,也适用航空器外的劫持航空器行为。新增"以任何技术手段"劫持或控制航空器的规定,包括未来可能出现的任何以技术手段非法控制航空器的情况。"控制"也可以是由地面人员通过信号等技术手段而获得"控制"。"胁迫"也是《北京议定书》新增的应受刑事处罚的作案手段。《北京议定书》也扩大了犯罪主体的种类。

在对劫持航空器犯罪管辖权的修订方面,《北京议定书》增加了犯罪行为地管辖权和犯罪人国籍国管辖权。与《北京公约》相同,还增加了两种选择性管辖权,即犯罪是针对该国国民实施的受害人国籍国管辖权和犯罪由其惯常居所在该国境内的无国籍人实施的犯罪人居住地国管辖权。

5. 2014 年《蒙特利尔议定书》

1) 2014 年《蒙特利尔议定书》的产生背景

2014 年 3 月 26 日至 4 月 4 日,国际民航组织在总部蒙特利尔举行国际航空法会议,审议和修订 1963 年《东京公约》,形成了《关于修订〈关于在航空器上犯罪及其他某些行为的公约〉的议定书》(简称 2014 年《蒙特利尔议定书》)。

2) 2014 年《蒙特利尔议定书》的主要内容

2014 年《蒙特利尔议定书》针对适用范围、管辖权、机上安保员权及机长职权、适当程序和公平原则等方面进行了完善。主要内容如下。

(1) 适用范围规则的修订。2014 年《蒙特利尔议定书》取消了对"飞行中"的双轨定义,并重新规定了"飞行中"的统一含义,不加区分地适用于整个修订后的公约。根据 2014 年《蒙特利尔议定书》第 2 条的规定,"飞行中"被定义为"航空器在完成登机活动后所有外部舱门均已关闭时起,直至其任一此种舱门为离机目的开启时止,其间的任一时刻",且"在航空器迫降情形下,直至适格主管部门接管对该航空器及机上人员和财产的职责时止,该航空器应被视作仍在飞行中"。

(2) 增加了机上安保员条款与机长职权的变动。2014 年《蒙特利尔议定书》第 6 条增加了对机上安保员的一些规定:依照相关缔约国之间双边或多边协定或安排部署的机上安保员,在有理由认为必须立即采取行动保护航空器或所载人员的安全,防止非法干扰行为,以及如果该协定或安排允许采取行动防止犯下严重罪行时,可在未经授权的情况下,采取合理的预防措施。并明确公约中的任何规定均不得被视为缔约国有义务制订机上安保员方案,或同意授权外国机上安保员在其领土行动的双边或多边协定或安排。还将安保员列入了享有责任豁免的成员名单。

2014年《蒙特利尔议定书》对机长职权作出了若干调整。修改为以下有关机长职权的新规定:机长可以要求或授权其他机组成员提供协助,并可请求或授权但不能强求安保员或旅客给予协助,以便管束其有权管束的任何人。任何机组成员或旅客在有理由认为必须立即采取行动以保护航空器或机上的人员或财产安全时,同样可在未经机长授权之情形下采取合理预防措施。

(3) 增加了适当程序和公平待遇原则。为了保障行为人正当权利,2014年《蒙特利尔议定书》规定,各缔约国在根据公约履行其义务或者行使准许的自行裁量权时,应根据国际法下的义务和责任行事。在此方面,各缔约国应考虑适当程序和公平待遇原则。

(4) 完善了管辖权的规定。2014年《蒙特利尔议定书》大致保留了"并行管辖体系",并进一步补充规定,航空器降落地国和航空器经营人所在国在符合条件时也有权对机上发生的罪行与行为行使管辖权。新增了如下内容:"各缔约国还应采取必要措施,对以下情况下在航空器上犯下的罪行确立起管辖权:某项犯罪是在其前一起飞地点或下一个预备降落地点在其领土内的航空器上所犯,而随后航空器在其领土内降落且嫌疑犯仍在机上;航空器或机上人员或财产的安全或机上的良好秩序和纪律受到危害。"

三、我国航空安保法律体系

1. 《中华人民共和国民用航空法》有关航空安保工作的规定

我国《民用航空法》包含了安保内容。一是在总则和其他部分章节中进行了原则性规定,对航空安保工作具有指导性作用。二是在部分条款中规定了各类航空犯罪行为,对三大航空安保公约规定的罪行进行了相应的转化,并实现了与国内《刑法》具体条文的部分对接。《民用航空法》参照航空安保公约的条款规定了八类航空犯罪行为,包括了公约列举的主要罪行。此外,1944年《芝加哥公约》附件17规定了七类非法干扰行为,我国《民用航空法》对航空犯罪行为的规定与该七类非法干扰行为类别的规定不完全一致。

1) 关于管辖权的规定

按照《民用航空法》第2条的规定:"中华人民共和国的领陆和领水之上的空域为中华人民共和国领空。中华人民共和国对领空享有完全的、排他的主权。"以及第6条的规定:"经中华人民共和国国务院民用航空主管部门依法进行国籍登记的民用航空器,具有中华人民共和国国籍,由国务院民用航空主管部门发给国籍登记证书。"对于发生在我国领空范围内的危害航空运输安全和扰乱航空运输秩序的行为,我国具有管辖权,对于发生在我国国籍(在我国登记)的航空器内的此类行为,我国具有管辖权。

2) 有关机长安保职权的规定

机长安保职权主要在《民用航空法》第44条和第46条中进行了规定,包括民用航空器的操作由机长负责,机长应当严格履行职责,保护民用航空器及其所载人员和财产的安全。

机长在其职权范围内发布的命令,民用航空器所载人员都应当执行。飞行中,对于任何破坏民用航空器、扰乱民用航空器内秩序、危害民用航空器所载人员或者财产安全以及其他危及飞行安全的行为,在保证安全的前提下,机长有权采取必要的适当措施。

3) 有关航空犯罪行为的规定

《民用航空法》在第十五章法律责任部分列举了危害航空运输安全和扰乱航空运输秩序的行为,但并未明确具体罪名,仅说明了相关行为与《刑法》具体条款的对应关系。

《民用航空法》规定的主要航空犯罪行为有以下几种:以暴力、胁迫或者其他方法劫持航空器的;对飞行中的民用航空器上的人员使用暴力,危及飞行安全的;违反本法规定,隐匿携带炸药、雷管或者其他危险品乘坐民用航空器,或者以非危险品品名托运危险品的;违法运输危险品的;故意在使用中的民用航空器上放置危险品或者唆使他人放置危险品,足以毁坏该民用航空器,危及飞行安全的;故意传递虚假情报,扰乱正常飞行秩序,使公私财产遭受重大损失的;盗窃或者故意损毁、移动使用中的航行设施,危及飞行安全,足以使民用航空器发生坠落、毁坏危险的;聚众扰乱民用机场秩序的。

2.《中华人民共和国刑法》与航空安保工作

我国《刑法》与航空安保工作的关系主要体现在对于构成犯罪的非法干扰行为和扰乱行为的罪名认定和法律责任规定方面。非法干扰行为适用《刑法》定性的条文如下。

1) 非法劫持航空器

非法劫持航空器是1944年《芝加哥公约》附件17规定的第一类非法干扰行为。我国《民用航空法》第191条规定:"以暴力、胁迫或者其他方法劫持航空器的,依照刑法有关规定追究刑事责任。"当"非法劫持航空器"这类非法干扰行为构成犯罪时,触犯《刑法》第121条劫持航空器罪。即以暴力、胁迫或者其他方法劫持航空器的,处十年以上有期徒刑或者无期徒刑;致人重伤、死亡或者使航空器遭受严重破坏的,处死刑。

2) 毁坏使用中的航空器

毁坏使用中的航空器是1944年《芝加哥公约》附件17规定的第二类非法干扰行为。我国《民用航空法》第195条规定:"故意在使用中的民用航空器上放置危险品或者唆使他人放置危险品,足以毁坏该民用航空器,危及飞行安全的,依照刑法有关规定追究刑事责任。"当毁坏使用中的航空器这类非法干扰行为构成犯罪时,可能会触犯《刑法》116条、119条破坏交通工具罪。《刑法》第116条规定:"破坏火车、汽车、电车、船只、航空器,足以使火车、汽车、电车、船只、航空器发生倾覆、毁坏危险,尚未造成严重后果的,处三年以上十年以下有期徒刑。"第119条规定:"破坏交通工具、交通设施、电力设备、燃气设备、易燃易爆设备,造成严重后果的,处十年以上有期徒刑、无期徒刑或者死刑。过失犯前款罪的,处三年以上七年以下有期徒刑;情节较轻的,处三年以下有期徒刑或者拘役。"

3) 在航空器上或机场扣留人质

在航空器上或机场扣留人质是1944年《芝加哥公约》附件17规定的第三类非法干扰行为。我国《民用航空法》尚无对此类行为的直接规定。当"在航空器上或机场扣留人质"这类非法干扰行为构成犯罪时,触犯《刑法》第239条绑架罪。《刑法》第239条规定:"以勒索财物为目的绑架他人的,或者绑架他人作为人质的,处十年以上有期徒刑或者无期徒刑,并处罚金或者没收财产;情节较轻的,处五年以上十年以下有期徒刑,并处罚金。犯前款罪,杀害被绑架人的,或者故意伤害被绑架人,致人重伤、死亡的,处无期徒刑或者死刑,并处没收财产。"

4) 强行闯入航空器、机场或航空设施场所

强行闯入航空器、机场或航空设施场所是1944年《芝加哥公约》附件17规定的第四类非法干扰行为。我国《民用航空法》尚无对此类行为的直接规定,仅有第198条规定:"聚众扰乱民用机场秩序的,依照刑法有关规定追究刑事责任。"当强行闯入航空器、机场或航空设施场所这类非法干扰行为构成犯罪时,可能触犯《刑法》第291条聚众扰乱交通秩序罪、第293条寻衅滋事罪。《刑法》第291条规定:"聚众扰乱车站、码头、民用航空站、商场、公园、影剧院、展览会、运动场或者其他公共场所秩序,聚众堵塞交通或者破坏交通秩序,抗拒、阻碍国家治安管理工作人员依法执行职务,情节严重的,对首要分子,处五年以下有期徒刑、拘役或者管制。"第293条规定:"有下列寻衅滋事行为之一,破坏社会秩序的,处五年以下有期徒刑、拘役或者管制:在公共场所起哄闹事,造成公共场所秩序严重混乱的。纠集他人多次实施前款行为,严重破坏社会秩序的,处五年以上十年以下有期徒刑,可以并处罚金。"

5) 为犯罪目的而将武器或危险装置、材料带入航空器或机场

为犯罪目的而将武器或危险装置、材料带入航空器或机场是1944年《芝加哥公约》附件17规定的第五类非法干扰行为。我国《民用航空法》第193条规定:"违反本法规定,隐匿携带炸药、雷管或者其他危险品乘坐民用航空器,或者以非危险品品名托运危险品的,依照刑法有关规定追究刑事责任。"企事业单位犯前款罪的,判处罚金,并对直接负责的主管人员和其他直接责任人员依照前款规定追究刑事责任。隐匿携带枪支子弹、管制刀具乘坐民用航空器的,依照刑法有关规定追究刑事责任。当"为犯罪目的而将武器或危险装置、材料带入航空器或机场"这类非法干扰行为构成犯罪时,触犯《刑法》第130条非法携带枪支、弹药、管制刀具、危险物品危及公共安全罪。《刑法》第130条规定:"非法携带枪支、弹药、管制刀具或者爆炸性、易燃性、放射性、毒害性、腐蚀性物品,进入公共场所或者公共交通工具,危及公共安全,情节严重的,处三年以下有期徒刑、拘役或者管制。"

6) 利用使用中的航空器造成死亡、严重人身伤害,或对财产或环境的严重破坏

利用使用中的航空器造成死亡、严重人身伤害,或对财产或环境的严重破坏是1944年《芝加哥公约》附件17规定的第六类非法干扰行为。我国《民用航空法》尚无对此类行为的直接规定。当"利用使用中的航空器造成死亡、严重人身伤害,或对财产或环境的严重破坏"这类非法干扰行为构成犯罪时,可能触犯《刑法》第114条、115条放火罪、爆炸罪、投放危险物质罪、以危险方法危害公共安全罪。《刑法》第114条规定:"放火、决水、爆炸以及投放毒害性、放射性、传染病病原体等物质或者以其他危险方法危害公共安全,尚未造成严重后果的,处三年以上十年以下有期徒刑。"第115条规定:"放火、决水、爆炸以及投放毒害性、放射性、传染病病原体等物质或者以其他危险方法致人重伤、死亡或者使公私财产遭受重大损失的,处十年以上有期徒刑、无期徒刑或者死刑。过失犯前款罪的,处三年以上七年以下有期徒刑;情节较轻的,处三年以下有期徒刑或者拘役。"

7) 散播危害飞行中或地面上的航空器、机场或民航设施场所内的旅客、机组、地面人员或大众安全的虚假信息

散播危害飞行中或地面上的航空器、机场或民航设施场所内的旅客、机组、地面人员或

第八章
航空安保法律制度

大众安全的虚假信息是1944年《芝加哥公约》附件17规定的第七类非法干扰行为。我国《民用航空法》第196条规定:"故意传递虚假情报,扰乱正常飞行秩序,使公私财产遭受重大损失的,依照刑法有关规定追究刑事责任。"当散播危害飞行中或地面上的航空器、机场或民航设施场所内的旅客、机组、地面人员或大众安全的虚假信息这类非法干扰行为构成犯罪时,触犯《刑法》第291条之编造、故意传播虚假信息罪。即投放虚假的爆炸性、毒害性、放射性、传染病病原体等物质,或者编造爆炸威胁、生化威胁、放射威胁等恐怖信息,或者明知是编造的恐怖信息而故意传播,严重扰乱社会秩序的,处五年以下有期徒刑、拘役或者管制;造成严重后果的,处五年以上有期徒刑。

当扰乱行为构成犯罪时,触犯的《刑法》有关罪名与法律责任如下。

第一类是盗窃、故意损坏或者擅自移动救生物品等航空设施设备或强行打开应急舱门的。《民用航空法》第197条规定:"盗窃或者故意损毁、移动使用中的航行设施,危及飞行安全,足以使民用航空器发生坠落、毁坏危险,尚未造成严重后果的,依照刑法有关规定追究刑事责任;造成严重后果的,依照刑法有关规定追究刑事责任。可以依照如下条款追究刑事责任。"《刑法》第116条规定:"破坏火车、汽车、电车、船只、航空器,足以使火车、汽车、电车、船只、航空器发生倾覆、毁坏危险,尚未造成严重后果的,处三年以上十年以下有期徒刑。"《刑法》第119条:"破坏交通工具、交通设施、电力设备、燃气设备、易燃易爆设备,造成严重后果的,处十年以上有期徒刑、无期徒刑或者死刑。"《刑法》第264条:"盗窃公私财物,数额较大的,或者多次盗窃、入户盗窃、携带凶器盗窃、扒窃的,处三年以下有期徒刑、拘役或者管制,并处或者单处罚金;数额巨大或者有其他严重情节的,处三年以上十年以下有期徒刑,并处罚金;数额特别巨大或者有其他特别严重情节的,处十年以上有期徒刑或者无期徒刑,并处罚金或者没收财产。"

第二类是打架斗殴、寻衅滋事的。《民用航空法》第192条规定:"对飞行中的民用航空器上的人员使用暴力,危及飞行安全,依照刑法有关规定追究刑事责任。"可以依照如下条款追究刑事责任。《刑法》第123条:"对飞行中的航空器上的人员使用暴力,危及飞行安全,尚未造成严重后果的,处五年以下有期徒刑或者拘役;造成严重后果的,处五年以上有期徒刑。"《刑法》第233条:"过失致人死亡的,处三年以上七年以下有期徒刑;情节较轻的,处三年以下有期徒刑。本法另有规定的,依照规定。"《刑法》第235条:"过失伤害他人致人重伤的,处三年以下有期徒刑或者拘役。本法另有规定的,依照规定。"《刑法》第293条:"有下列寻衅滋事行为之一,破坏社会秩序的,处五年以下有期徒刑、拘役或者管制:随意殴打他人,情节恶劣的;追逐、拦截、辱骂、恐吓他人,情节恶劣的;强拿硬要或者任意损毁、占用公私财物,情节严重的;在公共场所起哄闹事,造成公共场所秩序严重混乱的。纠集他人多次实施前款行为,严重破坏社会秩序的,处五年以上十年以下有期徒刑,可以并处罚金。"

3.《中华人民共和国治安管理处罚法》与航空安保工作

《中华人民共和国治安管理处罚法》与航空安保工作的关系主要体现在对于构成违法但尚未构成犯罪的非法干扰行为和扰乱行为的认定和法律责任规定方面。其中,《中华人民共和国治安管理处罚法》的相关条款所规定的或者能够被解释为对扰乱行为的规定主要有以下几个方面。

第一大类是扰乱机场和航空器上秩序的行为。此类行为包括:"第23条(二)扰乱机场秩序的；(三)扰乱航空器上的秩序的；(四)非法拦截或者强登、扒乘航空器,影响交通工具正常行驶的。"此类行为的处罚是：处警告或者二百元以下罚款；情节较重的,处五日以上十日以下拘留,可以并处五百元以下罚款。

第二大类是盗窃、损坏、擅自移动使用中的航空设施或者强行进入航空器驾驶舱的行为。此类行为及处罚是：盗窃、损坏、擅自移动使用中的航空设施,或者强行进入航空器驾驶舱的,处十日以上十五日以下拘留。在使用中的航空器上使用可能影响导航系统正常功能的器具、工具,不听劝阻的,处五日以下拘留或者五百元以下罚款。

第三大类是散布民用航空领域的谣言,谎报民用航空方面的险情、疫情、警情或者以其他方法故意扰乱民用航空领域的公共秩序的行为。此类行为的处罚是：处五日以上十日以下拘留,可以并处五百元以下罚款；情节较轻的,处五日以下拘留或者五百元以下罚款。

第四大类是扬言实施放火、爆炸、投放危险物质扰乱民用航空秩序的行为。此类行为的处罚是：处五日以上十日以下拘留,可以并处五百元以下罚款；情节较轻的,处五日以下拘留或者五百元以下罚款。

第五大类是在民用航空机场内或者在民用航空器上结伙斗殴的行为。此类行为的处罚是：处五日以上十日以下拘留,可以并处五百元以下罚款；情节较重的,处十日以上十五日以下拘留,可以并处一千元以下罚款。

第六大类是在民用航空机场或者民用航空器上追逐、拦截他人的行为。此类行为的处罚是：处五日以上十日以下拘留,可以并处五百元以下罚款；情节较重的,处十日以上十五日以下拘留,可以并处一千元以下罚款。

第七大类是在民用航空机场或者在民用航空器上强拿硬要或者任意损毁、占用公私财物的行为。此类行为的处罚是：处五日以上十日以下拘留,可以并处五百元以下罚款；情节较重的,处十日以上十五日以下拘留,可以并处一千元以下罚款。

第八大类是盗窃、哄抢、抢夺或者故意损毁民用航空机场或者民用航空器上财物的行为。此类行为的处罚是：盗窃、诈骗、哄抢、抢夺、敲诈勒索或者故意损毁公私财物的,处五日以上十日以下拘留,可以并处五百元以下罚款；情节较重的,处十日以上十五日以下拘留,可以并处一千元以下罚款。

4.《中华人民共和国民用航空安全保卫条例》的主要内容

《中华人民共和国民用航空安全保卫条例》对民用机场的安全保卫、民用航空营运的安全保卫、民用航空安全检查以及违法责任都作了比较明确的规定。一是明确了"防止非法干扰"是航空安保的目的。《中华人民共和国民用航空安全保卫条例》第一条中表明"为了防止对民用航空活动的非法干扰,维护民用航空秩序,保障民用航空安全,制定本条例"。二是规定了主管机关、民用机场、航空运营以及安全检查的主要内容。基本涵盖了《芝加哥公约》附件17的有关规定并对机场控制区的管理及安全检查等内容进行了细化。三是规定了机长的安保职权。进一步规定"航空器在飞行中的安全保卫工作由机长统一负责"；"在航空器飞行中,对扰乱航空器内秩序,干扰机组人员正常工作而不听劝阻的人,采取必要的管束措施；在航空器飞行中,对劫持、破坏航空器或者其他危及安全的行为,采取必要的措施；在航空器飞行中遇到特殊情况时,对航空器的处置作最后决定"。

5.《公共航空旅客运输飞行中安全保卫工作规则》的主要内容

《公共航空旅客运输飞行中安全保卫工作规则》自施行以来,对维护民用航空器客舱安全,保障飞行中的旅客人身和财产安全,推动我国民用航空安保工作,发挥了重要作用。《公共航空旅客运输飞行中安全保卫工作规则》明确了民航局、民航地区管理局履行行业监管职能,对飞行中安全保卫工作实施指导、监督和检查;明确了公共航空运输企业承担的主体责任和管理责任;明确了在飞行中民用航空器上执行任务的机组成员的空中安保岗位责任。将公共航空运输企业飞行中安全保卫工作的每一环节、每一岗位和流程都纳入相应的安保措施,建立了空中安保管理体系;将空中安全保卫责任细化到了每位机组成员。规定飞行值勤期限制定、航空安全员最低数量配备标准应执行派遣规定的要求。增加了守法信用信息的相关内容,对民航局和民航各地区管理局对空中安保工作的指导、监督和检查提出了新要求。

《公共航空旅客运输飞行中安全保卫工作规则》明确了机长统一负责飞行中的安全保卫工作。航空安全员在机长领导下,承担飞行中安全保卫的具体工作。机组其他成员应当协助机长、航空安全员共同做好飞行中安全保卫工作。①规定了机长在履行飞行中安全保卫职责时的五项职权:一是在航空器起飞前,发现未依法对航空器采取安全保卫措施的,有权拒绝起飞;二是对扰乱航空器内秩序,妨碍机组成员履行职责,不听劝阻的,可以要求机组成员对行为人采取必要的管束措施,或在起飞前、降落后要求其离机;三是对航空器上的非法干扰行为等严重危害飞行安全的行为,可以要求机组成员启动相应处置程序,采取必要的制止、制服措施;四是处置航空器上的扰乱行为或者非法干扰行为,必要时请求旅客协助;五是在航空器上出现扰乱行为或者非法干扰行为等严重危害飞行安全行为时,根据需要改变原定飞行计划或对航空器作出适当处置。②规定了机组成员应当履行的七项职责:一是按照分工对航空器驾驶舱和客舱实施安保检查;二是根据安全保卫工作需要查验旅客及机组成员以外的工作人员的登机凭证;三是制止未经授权的人员或物品进入驾驶舱或客舱;四是对扰乱航空器内秩序或妨碍机组成员履行职责,且不听劝阻的,采取必要的管束措施,或在起飞前、降落后要求其离机;五是对严重危害飞行安全的行为,采取必要的措施;六是实施运输携带武器人员、押解犯罪嫌疑人、遣返人员等任务的飞行中安保措施;七是法律、行政法规和规章规定的其他职责。

《公共航空旅客运输飞行中安全保卫工作规则》对非法干扰行为和扰乱行为进行了界定和分类。①非法干扰行为,是指危害民用航空安全的行为或未遂行为,主要包括非法劫持航空器;毁坏使用中的航空器;在航空器上或机场扣留人质;强行闯入航空器、机场或航空设施场所;为犯罪目的而将武器或危险装置、材料带入航空器或机场;利用使用中的航空器造成死亡、严重人身伤害,或对财产或环境的严重破坏;散播危害飞行中或地面上的航空器、机场或民航设施场所内的旅客、机组、地面人员或大众安全的虚假信息。②扰乱行为,是指在民用机场或在航空器上不遵守规定,或不听从机场工作人员或机组成员指示,从而扰乱机场或航空器上良好秩序的行为。航空器上的扰乱行为主要包括强占座位、行李架的;打架斗殴、寻衅滋事的;违规使用手机或其他禁止使用的电子设备的;盗窃、故意损坏或者擅自移动救生物品等航空设施设备或强行打开应急舱门的;吸烟(含电子香烟)、使用火种的;猥亵客舱内人员或性骚扰的;传播淫秽物品及其他非法印制物的;妨碍机组成员履行职责的;扰乱航空器上秩序的其他行为。

6.《民用航空运输机场航空安全保卫规则》的主要内容

《民用航空运输机场航空安全保卫规则》根据《中华人民共和国民用航空安全保卫条例》

制定,适用于中华人民共和国境内民用航空运输机场(含军民合用机场民用部分)的安全保卫工作。规则共分为八章,关于机场的安保措施主要规定在第四章,从机场控制区与非控制区的安保要求、划分、安保设施、通行管制、安保措施、信息报告等几个方面进行了规定,以保证旅客、工作人员、公众和机场设施设备的安全。

7.《民用航空安全检查规则》的主要内容

现行的《民用航空安全检查规则》共九章,分别就民航安全检查目的和适用范围、一般要求、民航安全检查机构运行、民航安全检查员、民航安全检查设备、民航安全检查工作实施、民航安全检查工作特殊情况处置、监督检查、法律责任等方面作了系统规定。特别是对安全检查的行业准入条件、具体岗位工作时间间隔、非公开安检、从严安检等特殊情况处置等方面做出了规定。

第三节 案例练习

案例一:某国历史上最神秘的劫持航空器案

1. 案情介绍

1971年11月24日下午,某国305航班只有三分之一的乘客,库珀登机后径直走到机尾,坐在最后一排号码为18C的座位上。飞机于下午2:50分起飞后,库珀递给座位旁的空乘一张折叠着的纸条。空乘打开纸条,上面写道:"我的公文包里有炸弹,我要你过来坐在我身边。"为了证明自己所言非虚,库珀打开自己的公文包,空乘看到里面有一堆导线缠绕着6根雷管形状的物体。接下来库珀让该空乘去向机长传达自己的要求:"我要求下午5点钟前收到20万美元,现金,放在背包里。我还要两对降落伞。我们降落时,燃料车要做好加油准备。不要搞花样,否则我就引爆。"当空乘从驾驶舱回到库珀的座位旁时,他带上了一副墨镜。在接下来的飞行过程中,库珀表现得非常镇静,拿出20美元又点了一杯威士忌,并告诉空乘"不用找零"。下午5点24分,地面指挥通过电台告诉飞机上的库珀:"一切都准备好了。"15分钟后,当305航班降落到机场时,航空公司工作人员已经备好了20万美元的赎金,都是20美元面值的钞票,这些钞票每一张都被警方照了相。降落后库珀要求关掉机舱中的照明,以防狙击手的袭击,并不准任何车辆靠近航班。根据库珀的指示,航空公司的地区经理独自来到机舱尾部的舷梯,将装有20万现金、重达9.5千克的背包和两对降落伞(两前两后)交给305航班上一名空乘。库珀释放了大部分人质后飞机上只剩下一名空乘、正副机长和一名机师。

再次起飞前,库珀要求将飞机油箱加满,并拒绝了一名该国航空管理局官员登机谈判的要求。当地时间晚7点46分,305航班再次起飞,同时起飞的还有两架F-106战斗机,一架在305上方,一架在下面,以防被库珀发现。但是当晚附近地区正值暴雨,夜空中能见度极低,不仅劫持航空器者看不到护航战机,战机飞行员也难以通过目视观察到305的动向。再次起飞后,库珀要求所有机组人员都留在驾驶室中不许出来。晚8点,一盏闪亮的指示灯显示后机舱舱门被打开,机长通过通话系统询问是否需要帮助,只听到一句短暂的回答:"No"。这是世人最后一次听到库珀的声音。8点24分机组人员注意到飞机有轻微晃动,事

第八章
航空安保法律制度

后分析,库珀很可能是在这个时候带着装有20万美元现金的背包从机尾跳伞。机组人员特意看了一下当时的飞行位置,当时飞机正处于河流上方。飞机再次降落时是在10点15分,机组人员试图同机舱联络,但是没有回应。机长小心地打开驾驶室的门,发现机舱内已经空无一人。经过对机舱的搜索后发现,库珀跳伞时不仅带走了装有现金的背包,还带走了自己的帽子、雨衣。

2. 思考题

请分析库珀是否构成劫持航空器罪。

案例二:旅客陈某炸弹威胁事件

1. 案情介绍

某航空公司执行A市—B市—C市航班运输任务,因受B市机场雨雪天气影响,该航班从A市实际起飞时间为19时32分,B市落地21时12分。当晚23时,地面服务人员开始组织旅客登机,少数旅客要求赔偿拒不登机。工作人员与旅客进行沟通解释,旅客于10日凌晨1时40分登机完毕。由于B市机场持续降雪,夜间温度不断下降,为了确保飞行安全,航班起飞前需要除冰雪。等待过程中,少数旅客对除冰雪等待时间表示不理解,出现过激语言。3时17分飞机除冰完毕,随即开始滑行。滑行过程中,旅客陈某因不满空乘人员的解释,大喊"你们什么破航空公司,信不信我把你们飞机炸了"。引发周围旅客恐慌,坐在后排的旅客刘某一听到有人要炸飞机,精神过于紧张,把应急出口打开,准备跳下飞机,被航空安全员及时控制。飞机随即放弃起飞,涉事旅客被机场公安分局带走,经调查陈某说炸飞机只是一时气话,其并没有携带爆炸物。

2. 思考题

请结合该案例分析陈某行为的性质。

第九章

航空器对地(水)面第三人损害的侵权责任制度

第一节 案例导入

案例一：大韩航空"4·15"事件

1. 案例简介

1999年4月15日16时01分,大韩航空公司由上海飞往首尔的定期货运班机KAL6316航班,经空中交通管制许可,从虹桥机场18号跑道起飞,起始高度900米,起飞后左转飞NHW(南汇)导航定位点。随后,空管指挥此机上升至1500米高度,当空管指挥此机继续上升5700米时,此机失去无线电联络。

16时04分,正是上海闵行区莘庄镇学生放学的高峰时段。忽然,大韩航空公司的货机钻出低暗的云层向地面俯冲下来,一头栽倒在莘西南路沁春园居民新村旁的一片建筑工地上,飞机粉碎性解体,3名韩国机组人员当场死亡,另造成现场居民5人死亡、42人受伤、近千户居民房屋受损。

经上海市地震部门核准确定,飞机失事地点为北纬31°06′,东经121°22′16″;震感时间为16时04分35.2秒(误差在±0.2秒);撞击的强度相当于1.6级地震,175千克TNT当量的炸药爆炸。由中国民航局、韩国民航局、美国国家运输安全委员会、美国联邦航空局组成"4·15"事故联合调查组最终认定该次事故原因是飞行员操作不当所致。

2000—2001年,在空难中受损的数百户居民陆续向上海市第一中级人民法院提起诉讼,要求被告大韩航空公司公开赔礼道歉,并赔偿人身伤害和房屋损失费、精神赔偿费以及误工费、搬迁费等。法院先后受理类似赔偿及相关案件927件。

2001年4月,上海市第一中级人民法院判决大韩航空公司支付高某的家属人民币111万元,乔某家属108万元,王某家属88万元,陆某家属88万元。加上大韩航空公司原已支付每户的2万元,4户死者家属每户实际获赔90～113万元。

(资料来源:陈阳.大韩航空公司"4·15"空难的前前后后[J].国际航空,1999(6):21-22.)

2. 案例评析

大韩航空"4·15"事件的诉讼属于复杂的群体性纠纷案件,涉及人身损害、财产损害赔

第九章 航空器对地(水)面第三人损害的侵权责任制度

偿、建设工程合同延伸损害等多种类型的案件。不同于一般坠机事件造成机上乘客遇难,货机坠毁造成地面无辜第三人死亡,属于侵权行为,承担的是侵犯公民人身权的责任。根据我国法律规定,被告侵权应赔偿原告因权利受到侵害而产生的损失,该损失包含财产损失和非财产损失。坠机事故发生后,原告及其亲属为处理事故遇害者后事产生的丧葬费、交通费、误工费、医疗费用,以及为诉讼发生的费用,应由被告赔偿,上述赔偿尚不能弥补原告的心灵创伤和精神痛苦,为平复原告精神利益的损害,对原告的精神损失也应作出相应赔偿。

案例二:以色列航空 1862 号班机事件

1. 案例简介

以色列航空 1862 号班机(El Al LY1862)是一架由以色列航空机身编号 4X-AXG 的波音 747-258F 型货机。1992 年 10 月 4 日该航班由美国纽约前往以色列特拉维夫,并在中途停靠荷兰阿姆斯特丹。当天下午 14 时 31 分,机身编号 4X-AXG 的波音 747-258F 货机从纽约抵达史基普机场,并将于同日再起程返回特拉维夫。1862 号班机原定于当地时间 17 时 30 分起飞,但最后于傍晚 18 时 30 分才离开。18 时 22 分,1862 号班机于 01 左跑道升空后随即向右转,并依测距仪往东南方向飞往以色列。18 时 27 分,当飞机飞至 6500 英尺高空时,在阿姆斯特丹市郊的怀米尔湖上空时,机上的三号引擎突然爆炸脱落,并损坏了右边机翼前缘及令隔邻的四号引擎也受波及并一同脱落,两具引擎从空中掉落。机长立即发出求救信号,并向史基普机场塔台要求返航。

航空交通管制指示货机可于机场 06 号跑道降落,但机长要求于机场最长的跑道——27 号跑道作紧急降落。可是,受损的货机因右边机翼严重受损开始失控,飞机失去液压操作。在飞机接近机场时失控右转后再无法飞往机场,飞机开始不受控盘旋。最后,当地时间 18 时 35 分,飞机以近乎 90°角倾侧姿态,撞向机场以东的一处住宅区内其中一幢十层高的长型大厦并爆炸起火。飞机撞击大厦时,大厦结构完全倒塌。空难导致机上 4 人及地面 39 人,总共 43 人死亡,多人受伤。除了这些死亡人数外,还有 11 人受重伤,15 人受轻伤。

(资料来源:乔善勋.从天而降的发动机——以色列航空 1862 号航班空难[J].大飞机,2019(4):69-71.)

2. 案例评析

以色列航空 1862 号班机事件属于典型的航空器对地面第三人损害。事件发生后,调查人员发现,飞机的坠毁是由于引擎吊架金属疲劳导致保险栓断裂导致的。本案中承运人的赔偿又分为两方面:一是飞机坠毁对地面或水面第三人造成的伤害而承担的赔偿责任,在航空运输中,航空公司与托运人以及收货人是一种航空运输合同关系,除合同当事人之外都是第三人;二是对乘坐该次航班货物托运人以及收货人所承担的合同责任。

第二节 航空器对地(水)面第三人损害的侵权责任制度概述

一、对地(水)面第三人损害概述

1. 对地(水)面第三人损害的概念

在航空运输中,航空公司与旅客或者托运人以及收货人是一种航空运输合同关系。所谓第三人是相对于合同关系的当事人(第二人)而言的,泛指与航空器经营人或所有人没有任何合同关系或者隶属关系,却因航空器运行而遭受损害的自然人或组织。第三人损害赔偿是指因飞行中的民用航空器或者从飞行中的民用航空器上落下的人或者物,造成地面(包括水面)上的人身伤亡或者财产损害的,受害人有权获得赔偿。

根据我国《民用航空法》的规定,因飞行中的民用航空器或者从飞行中的民用航空器上落下的人或者物,造成地(水)面的人身伤亡或者财产损害的,受害人有权获得赔偿;但是,所受损害并非造成损害的事故的直接后果,或者所受损害仅是民用航空器依照国家有关的空中交通规则在空中通过造成的,受害人无权要求赔偿。需要说明的是,这里所说的"飞行中",是指自民用航空器为实际起飞而使用动力时起至着陆冲程终了时止;就轻于空气的民用航空器而言,飞行中是指自其离开地面时起至其重新着地时止。

2. 对地(水)面第三人损害的性质

航空器在空中航行属于高度危险作业。世界上很多国家对高度危险作业致人损害的性质基本上都认为是一种特殊的侵权责任。从侵权行为的定义来讲,侵权行为是指因过失侵害他人人身和财产权利的行为。在空难中,由于飞机坠毁直接造成地面第三人人身或财产损害的结果,侵犯了地面第三人的生命权、财产权。我国《民法典》也明确规定,航空器对他人造成损害的,民用航空器的经营者应承担侵权责任。

二、航空器对地(水)面第三人损害的侵权责任立法

1. 《罗马公约》概述

航空器对地面第三人的损害赔偿问题,与航空器致旅客或货物托运人的人身、财产损害赔偿问题一样,均为国际民用航空法律规范调整对象的重要组成部分。在航空活动产生的早期,人们已经开始考虑制定针对航空器对地面第三人造成损害的民事责任的国际规则,如1928年美洲国家在古巴哈瓦那制定了《哈瓦那商业航空公约》(简称"泛美航空公约")。为了解决飞行中民用航空器对地(水)面第三人的人身及财产损害的问题,国际上关于航空器对地面第三方造成损害赔偿的规定主要体现在1933年《罗马公约》和1952年《罗马公约》中。但由于航空器对地面第三人造成损害事件发生概率极少,也不存在无法克服的法律冲突和管辖冲突,大多数国家认为在这一领域实行统一法律并无必要,上述公约的缔约国较少。因此,统一实体法在航空器对地(水)面第三人造成损害的赔偿责任方面,并不像在承运人对旅客、托运人的赔偿责任方面一样发挥出如此重要的作用。

1) 1933年《罗马公约》

1933年国际航空大会在罗马制定了《统一航空器对地面第三方造成损害的公约》(1933年《罗马公约》)。这是国际上第一部关于国际航空运输航空器对地面第三方造成损害的国际公约。1938年布鲁塞尔议定书是1933年《罗马公约》的组成部分,是对1933年《罗马公约》进行的补充,主要是针对1933年《罗马公约》中规定的强制性法律责任保险,目的是规定和限制承保人的责任。并且还规定承包人有向经营人提起诉讼的权利,可以要求经营人对地面第三方承担赔偿责任。

按照1933年《罗马公约》的规定,公约生效必须有五个国家批准,并且该公约在其通过之后的近二十年中仅有六个国家批准。而1938年布鲁塞尔议定书也只有两个国家批准。

第九章
航空器对地(水)面第三人损害的侵权责任制度

所以 1933 年《罗马公约》和 1938 年布鲁塞尔议定书的作用是十分有限的,对于规范国际航空运输航空器对地面第三方责任基本没有实际意义,主要原因还是公约所确定的规则落后于迅速发展的国际航空运输事业。

2) 1952 年《罗马公约》

由于国际航空运输事业在第二次世界大战后得到了迅猛发展,加上 1933 年《罗马公约》和 1938 年布鲁塞尔议定书得不到多数国家的批准,所以在国际航空运输中航空器对地面第三方责任方面,并没有一个国际通行的公约对其进行规范。于是国际民航组织法律委员会在 1947 年成立了专门小组(又称罗马小组),开始对 1933 年《罗马公约》及 1938 年布鲁塞尔议定书进行研究和修改工作。新公约草案最后文本终于在 1952 年罗马举行的国际航空私法会议上的得到通过,并从 1952 年 10 月起开放签字。至此,1952 年《罗马公约》取代了 1933 年《罗马公约》和 1938 年布鲁塞尔议定书,成为新的规范外国航空器对地面第三方造成损害的赔偿责任问题的国际公约。

1952 年《罗马公约》实行严格责任制,规定限额责任及例外公约规定了责任限额,但是如果受害人能证明损害是由于经营人或其受雇人故意造成的或不作为造成的,则经营人的赔偿责任将无限制,还规定了航空器经营人责任的保险及担保。但是,批准 1952 年《罗马公约》的国家和地区只有 47 个。在国际航空运输中发挥重大作用的一些国家都没有加入该公约。所以,1952 年《罗马公约》的实际意义很有限,并不能完全为国际航空运输提供有效的服务。但是,由于世界大多数国家并没有比较完善的法律来解决此类问题,所以在发生这类问题时,还是借鉴了 1952 年《罗马公约》的相关规定。比如我国的《民用航空法》的一些基本原则和内容就是吸纳了 1952 年《罗马公约》的规定。

3) 1952 年《罗马公约》的现代化历程

由于 1952 年《罗马公约》还达不到被世界上多数国家普遍接受的目的,在国际民航组织法律委员会第 31 届会议上,瑞典代表首先提出将 1952 年《罗马公约》现代化问题列入法律委员会工作计划的建议,该建议得到大会的同意。

国际民航组织法律委员会在其工作方案中包括了审议 1952 年《罗马公约》的现代化事项。共有 55 个缔约国答复了国家级信件。这项研究主要以对问卷答复所做的分析为基础。2002 年 6 月 5 日,秘书处研究小组建立。在 2002—2003 年,秘书处关于《罗马公约》现代化研究小组举行了 4 次会议。在小组的协助下,秘书处编写了外国航空器对第三方造成损害的公约草案。2004 年 3 月在蒙特利尔召开的法律委员会第 32 届会议将这一项目作为会议审议的主要事项,会议审议了秘书处准备的公约草案,认为公约草案虽然取得了相当的进展,但公约草案还不成熟,在某些方面仍需要做进一步的工作。

在 2004 年 5 月举行的第 172 届第 6 次会议上,理事会决定建立一个关于 1952 年《罗马公约》现代化的特别小组,以推进此项工作。1952 年《罗马公约》现代化特别小组由 17 个成员国和观察员组成,我国作为特别小组的成员参与了 1952 年《罗马公约》的起草工作。2005 年 1 月,小组在蒙特利尔召开了第一次小组会议,会议对 32 届法律委员会议后修改的公约草案文本进行了深入讨论,2005 年 7 月,1952 年《罗马公约》现代化特别小组在蒙特利尔召开了第二次小组会议,对第一次会议提出的目录进行了广泛讨论,进一步讨论了公约草案文本的修改完善问题。2006 年 2 月的第三次小组会议上,1952 年罗马公约现代化特别小组讨论涉及的主要问题包括补充赔偿机制的适用范围、参与方、理赔与财务问题、程序性问题等。此外,讨论还涉及了公约的整体框架方案这个一直未达成协议的问题。该草案试图统一1952年《罗马公约》及其1978年《蒙特利尔议定书》,同时吸收了1999年《蒙特利尔公约》中的一些条款。

2009年5月,在国际民航组织(ICAO)主持下的国际航空法会议上,《关于外国航空器对第三方造成损害的赔偿的公约》和《关于因涉及航空器的非法干扰行为而导致对第三方造成损害的赔偿的公约》获得通过,这两大公约便是罗马公约现代化的最新成果。由于各国经济发展水平和法律制度发展的不平衡,使得1952年《罗马公约》所规定的法律制度落空,其中最突出的就是赔偿责任限额问题。发达国家和发展中国家航空运输业的发展是不均衡的,这就给法律的制定和执行带来困难。

2. 我国对地面第三人损害赔偿立法

我国《民用航空法》接受了《罗马公约》的部分规定,比如《民用航空法》第157条就直接来源于《罗马公约》:"因飞行中的民用航空器或者从飞行中的民用航空器上落下的人或者物,造成地面(包括水面,下同)上的人身伤亡或者财产损害的,受害人有权获得赔偿;但是,所受损害并非造成损害的事故的直接后果,或者所受损害仅是民用航空器依照国家有关的空中交通规则在空中通过造成的,受害人无权要求赔偿。前款所称飞行中,是指自民用航空器为实际起飞而使用动力时起至着陆冲程终了时止;就轻于空气的民用航空器而言,飞行中是指自其离开地面时起至其重新着地时止。"

航空运输高速性和跨界运输的特点使得航空器致地(水)面第三者损害往往具有涉外性,且这种损害要承担的责任在本质上属特殊侵权责任,依侵权行为适用侵权行为地法这一冲突规则指引的准据法发挥着重要作用。在适用法律方面,由于航空器对地(水)面第三人造成损害主要分为损害发生在一国主权领域之内和损害发生在公海等一国主权领域之外的地面或水面两种情况,因此各国规定一般适用侵权行为地法或者法院地法。例如,1992年《罗马尼亚关于调整国际私法法律关系的第105号法》第144条规定:"飞机对陆地造成之损害适用损害发生地国法。"我国《民用航空法》也规定,民用航空器对地面第三人的损害赔偿,适用侵权行为地法律。适用侵权行为地法是为维护行为地国的主权和社会公共利益,因为一旦发生事故,航空器对地面及水面造成的损害非常之大,如大韩航空公司4·15空难,损害发生地蒙受的损失最大。对于损害发生在公海等一国主权领域之外的情况,由于侵权行为地法无从适用,故各国一般适用受理案件的法院地法律,我国《民用航空法》也规定,民用航空器在公海上空对水面第三人的损害赔偿,适用受理案件的法院所在地法律。

空难造成机上旅客伤亡,航空公司承担的是法定责任,而航空器坠毁造成地面无辜第三人死亡,属于侵权行为,承担的是侵犯公民人身权的责任。根据我国法律规定,侵权人应赔偿被侵权人因权利受到侵害而产生的损失,该损失包含财产损失和非财产损失。坠机事故发生后,为处理事故遇害者后事产生的丧葬费、交通费、误工费、医疗费用、为诉讼发生的费用,应由责任人赔偿。根据我国《民用航空法》的规定,因飞行中的民用航空器或者从飞行中的民用航空器上落下的人或者物,造成地面(包括水面)上的人身伤亡或者财产损害的,受害人有权获得赔偿。民用航空器对地面第三人的损害赔偿,适用侵权行为地法律。航空器对第三人造成损害,航空器经营人(一般是指航空公司)要依法承担责任。即除非损害是由受

第九章

航空器对地(水)面第三人损害的侵权责任制度

害人自己故意造成的之外,民用航空器的经营者都要承担侵权赔偿责任。根据我国《中华人民共和国民事诉讼法》和《最高人民法院关于适用〈中华人民共和国民事诉讼法〉的解释》的规定,因侵权行为提起的诉讼,由侵权行为地或者被告住所地人民法院管辖,其中侵权行为地包括侵权行为实施地和侵权结果发生地。我国《民法典》规定,从事高度危险作业造成他人损害的,应当承担侵权责任;如果能够证明损害是由受害人故意造成的,不承担民事责任。这表明,只要是飞行中的民用航空器或者从飞行中的民用航空器上落下的人或者物,造成地面上的人身伤亡或者财产损害是客观事实,受害人即有权获得赔偿。关于对地面第三人损害赔偿金的计算问题,我国《民用航空法》对此没有具体规定,但明确规定了民用航空器对地面第三人的损害赔偿,适用侵权行为地法律。而根据侵权行为地法律即我国《民法典》的规定,对地面(水面)第三人造成损害应当按实际损失赔偿,没有限额规定。我国《民法典》规定,侵害他人造成人身损害的,应当赔偿医疗费、护理费、交通费、营养费、住院伙食补助费等为治疗和康复支出的合理费用,以及因误工减少的收入。造成残疾的,还应当赔偿辅助器具费和残疾赔偿金;造成死亡的,还应当赔偿丧葬费和死亡赔偿金。被侵权人死亡的,其近亲属有权请求侵权人承担侵权责任。被侵权人为组织,该组织分立、合并的,承继权利的组织有权请求侵权人承担侵权责任。因此,对地面第三人造成损害赔偿,应按照实际损害情况,合情合理个案理算。如果当事人之间不能就赔偿金额达成协议,可以由受理案件的法院裁决。

综上,我国法律对地面第三人损害赔偿责任的规定包括两种情形:一是飞行中的民用航空器造成的地面上的人身伤亡或者财产损害,如航空器在空中飞行中坠落造成地面人员伤亡;二是飞行中的民用航空器上落下的人或者物造成的地面(包括水面)上的人身伤亡或者财产损害,如飞行中的航空器在空中投弃物品造成人员伤亡。并且,地面第三人遭受的这种损害必须是飞行中的民用航空器或者从飞行中的民用航空器上落下的人或者物直接造成的。如果遭受的损害不是造成损害的事故的直接后果,受害人无权要求赔偿。从上述规定来看,对于民用航空器所造成的地面上的人身伤亡或者财产损失,民用航空器的经营人承担的是无过失责任。无过失责任是指当损害发生以后,既不考虑加害人的过失,也不考虑受害人的过失的一种法定责任形式,其目的在于补偿受害人所受的损失。

无过失责任虽然不考虑过错,但要以因果关系的存在为前提,同时以因果关系为归责的基本要件。倘若损害并非由被告的行为及其物件所致,那么,被告无须对此种损害负责。结合具体案件而言,原告必须证明其受到的损失与被告的行为之间存在因果关系。如果不存在因果关系,或者若被告能够证明损害纯粹是由原告的故意行为和第三人的行为所致,则不能认为被告的行为与损害之间存在着因果关系,从而被告不对损害结果承担无过失责任。关于精神损害赔偿方面,我国《民用航空法》采取了与1952年《罗马公约》一致的态度,仅支持第三人人身伤亡和财产损害的赔偿责任,对于损害事故非直接后果的精神损害赔偿是否认的。我国其他相关法律对精神损害赔偿民事责任方式的规定,主要适用于侵害生命权、健康权和其他人格权等案件,对单纯侵害财产权益的并不适用。2001年最高人民法院《关于确定民事侵权精神损害赔偿责任若干问题的解释》首创"侵害具有人格象征意义的特定物品可请求精神损害赔偿"的规定。

1)《民用航空法》的相关规定

我国《民用航空法》第175条规定:"外国民用航空器飞入中华人民共和国领空,其经营人应当提供有关证明书,证明其已经投保地面第三人责任险或者已经取得相应的责任担保;其经营人未提供有关证明书的,中华人民共和国国务院民用航空主管部门有权拒绝其飞入中华人民共和国领空。"同时为了保障受害人能够得到充分的赔偿,我国《民用航空法》规定民用航空器从事空中航行活动要投地面第三人责任险或取得责任担保。

民用航空器在本国境内对地面第三人的侵权,法律适用的基础是各国的国内法。如我国《民用航空法》第十二章专门就"对地面第三人损害的赔偿责任"作出规定。此处所称民用航空器,是指除用于执行军事、海关、警察飞行任务外的航空器。民用航空器对地面第三人损害的赔偿责任具体指的是因飞行中的民用航空器或者从飞行中的民用航空器上落下的人或者物,造成地面(包括水面)上的人身伤亡或者财产损害的,受害人有权获得赔偿;但是,所受损害并非造成损害的事故的直接后果,或者所受损害仅是民用航空器依照国家有关的空中交通规则在空中通过造成的,受害人无权要求赔偿。需要说明的是,前款所称飞行中,是指自民用航空器为实际起飞而使用动力时起至着陆冲程终了时止;就轻于空气的民用航空器而言,飞行中是指自其离开地面时起至其重新着地时止。这就清楚地表明,只要是飞行中的民用航空器或者从飞行中的民用航空器上落下的人或者物,造成地面上的人身伤亡或者财产损害是客观事实,受害人即有权获得赔偿。这与1952年《罗马公约》的规定是一致的。

(1) 赔偿义务人。民用航空器对地面第三人损害的赔偿责任由民用航空器的经营人承担。经营人是指损害发生时使用民用航空器的人。民用航空器的使用权已经直接或者间接地授予他人,本人保留对该民用航空器的航行控制权的,本人仍被视为经营人。经营人的受雇人、代理人在受雇、代理过程中使用民用航空器,无论是否在其受雇、代理范围内行事,均视为经营人使用民用航空器。

民用航空器登记的所有人应当被视为经营人,并承担经营人的责任;除非在判定其责任的诉讼中,所有人证明经营人是他人,并在法律程序许可的范围内采取适当措施使该人成为诉讼当事人之一。

未经对民用航空器有航行控制权的人同意而使用民用航空器,对地面第三人造成损害的,有航行控制权的人除证明本人已经适当注意防止此种使用外,应当与该非法使用人承担连带责任。

(2) 免责条款。如果损害是武装冲突或者骚乱的直接后果,依照《民用航空法》第十二章(以下简称本章)规定应当承担责任的人不承担责任。依照本章规定应当承担责任的人对民用航空器的使用权业经国家机关依法剥夺的,不承担责任。依照本章规定应当承担责任的人证明损害是完全由于受害人或者其受雇人、代理人的过错造成的,免除其赔偿责任;应当承担责任的人证明损害是部分由于受害人或者其受雇人、代理人的过错造成的,相应减轻其赔偿责任。但是,损害是由于受害人的受雇人、代理人的过错造成时,受害人证明其受雇人、代理人的行为超出其所授权的范围的,不免除或者不减轻应当承担责任的人的赔偿责任。

一人对另一人的死亡或者伤害提起诉讼,请求赔偿时,损害是该另一人或者其受雇人、代理人的过错造成的,适用前款规定。

我国《民法典》规定,民用航空器造成他人损害的,民用航空器的经营者应当承担侵权责任;但是,能够证明损害是因受害人故意造成的,不承担责任。承担高度危险责任,法律规定赔偿限额的,依照其规定,但是行为人有故意或者重大过失的除外。承担高度危险责任,

第九章

航空器对地(水)面第三人损害的侵权责任制度

法律规定赔偿限额的,依照其规定,但是行为人有故意或者重大过失的除外。

(3) 空中相撞。两个以上的民用航空器在飞行中相撞或者相扰,造成《民用航空法》第157条规定的应当赔偿的损害,或者两个以上的民用航空器共同造成此种损害的,各有关民用航空器均应当被认为已经造成此种损害,各有关民用航空器的经营人均应当承担责任。

(4) 诉讼时效期间。地面第三人损害赔偿的诉讼时效期间为二年,自损害发生之日起计算;但是,在任何情况下,时效期间不得超过自损害发生之日起三年。

(5) 除外条款。《民用航空法》第十二章专章规定了"对地面第三人损害的赔偿责任",此类责任承担的问题,涉及与本条规定的衔接适用,应遵循特别法优先适用的规则。特别是《民用航空法》规定了除外条款,本章规定不适用于对飞行中的民用航空器或者对该航空器上的人或者物造成的损害;为受害人同经营人或者同发生损害时对民用航空器有使用权的人订立的合同所约束,或者为适用两方之间的劳动合同的法律有关职工赔偿的规定所约束的损害;核损害。

2) 民法与相关司法解释关于航空器对第三人损害的规定

依据我国法律理论,航空器对第三人损害的民事责任属于侵权责任。《民用航空法》相对于《民法典》等民事法律属于特别法,特别法优于一般法适用,当特别法未作规定的,则适用于一般法。

《民用航空法》第十二章用16个条款规定了航空器对第三人的赔偿责任,但并未明确赔偿项目和金额,因此,在具体赔偿金额计算等方面,则适用我国《民法典》及司法解释《最高人民法院关于审理人身损害赔偿案件适用法律若干问题的解释》《最高人民法院关于确定民事侵权精神损害赔偿责任若干问题的解释》的规定。精神损害赔偿(精神损害抚慰金)的具体数额,依据《关于确定民事侵权精神损害赔偿责任若干问题的解释》的规定,根据以下因素确定:①侵权人的过错程度,法律另有规定的除外;②侵害的手段、场合、行为方式等具体情节;③侵权行为所造成的后果;④侵权人的获利情况;⑤侵权人承担责任的经济能力;⑥受诉法院所在地平均生活水平。

(1) 人身损害的赔偿范围。根据人身损害赔偿司法解释的规定,在人身损害赔偿诉讼中,权利人可以索赔的范围主要包括以下几个方面:①受害人遭受人身损害,因就医治疗支出的各项费用以及因误工减少的收入,包括医疗费、误工费、护理费、交通费、住院费、住院伙食补助费、必要的营养费,赔偿义务人应当予以赔偿;②如果受害人因伤致残的,其因增加生活上需要所支出的必要费用以及因丧失劳动能力导致的收入损失,包括残疾赔偿金、残疾辅助器具费、被扶养人生活费,以及因康复护理、继续治疗实际发生的必要的康复费、护理费、后续治疗费,赔偿义务人也应当予以赔偿;③如果受害人死亡的,赔偿义务人除应当根据抢救治疗情况赔偿第①项的相关费用外,还应当赔偿丧葬费、被扶养人生活费、死亡补偿费以及受害人亲属办理丧葬事宜支出的交通费、住宿费和误工损失等其他合理费用。

(2) 精神损害抚慰金。精神损害抚慰金是指在受害人遭受严重的人身伤害、可能身受残疾或者死亡的情形下,受害人及其近亲属在精神上遭受巨大创伤,并基于此而要求赔偿义务人给予受害人及其近亲属一定数额的赔偿。人身损害赔偿解释第十八条规定:受害人或者死者近亲属遭受精神损害,赔偿权利人向人民法院请求赔偿精神损害抚慰金的,适用《最高人民法院关于确定民事侵权精神损害赔偿责任若干问题的解释》予以确定。精神损害抚慰金的请求权,不得让与或者继承。但赔偿义务人已经以书面方式承诺给予金钱赔偿,或者赔偿权利人已经向人民法院起诉的除外。

(3) 残疾赔偿金。残疾赔偿金是指由于相当严重的人身损害,致使受害人身体残疾或者丧失劳动能力而导致其收入减少或者生活来源丧失,在此种情况下给予受害人一定数额的财产损害性质的赔偿。

根据人身损害赔偿司法解释的规定,残疾赔偿金根据受害人丧失劳动能力程度或者伤残等级,按照受诉法院所在地上一年度城镇居民人均可支配收入或者农村居民人均纯收入标准,自定残之日起按二十年计算。但六十周岁以上的,年龄每增加一岁减少一年;七十五周岁以上的,按五年计算。

受害人因伤致残但实际收入没有减少,或者伤残等级较轻但造成职业妨害严重影响其劳动就业的,可以对残疾赔偿金作相应调整。

如果赔偿权利人能够举证证明,其住所地或者经常居住地城镇居民人均可支配收入或者农村居民人均纯收入高于受诉法院所在地标准的,则残疾赔偿金或者死亡赔偿金可以按照其住所地或者经常居住地的相关标准计算。

那么,在计算残疾赔偿金中所涉及的伤残等级应该如何确定呢?2016年,最高人民法院、最高人民检察院、公安部、国家安全部、司法部联合发布了《人体损伤致残程度分级》(以下简称"标准"),自2017年1月1日正式实施,标准将人体损伤致残程度划分为10个等级,从一级(人体致残率100%)到十级(人体致残率10%),每级致残率相差10%。需要注意的是,标准的适用范围包括除职工工伤以外的所有人身损害致残程度等级鉴定,包括道路交通事故受伤人员伤残鉴定、刑事案件的伤残鉴定、非因职工工伤的伤残鉴定、普通伤害案件的伤残鉴定、其他意外伤害的伤残鉴定等。

(4) 丧葬费。丧葬费是指受害人因人身伤害失去生命,受害人的亲属为了处理其丧葬后事而支出的必要费用。根据人身损害赔偿司法解释第二十七条的规定,丧葬费按照受诉法院所在地上一年度职工月平均工资标准,以六个月总额计算。

(5) 被抚养人生活费。被抚养人生活费是指在受害人因人身伤害致残丧失劳动能力或者死亡的情况下,对于受害人依法应当承担抚养义务的未成年人或者丧失劳动能力又无其他生活来源的成年近亲属一定数额的生活费用,以维持其正常生活。根据人身损害赔偿司法解释第二十八条的规定,被扶养人生活费根据扶养人丧失劳动能力程度,按照受诉法院所在地上一年度城镇居民人均消费性支出和农村居民人均年生活消费支出标准计算。被扶养人为未成年人的,计算至十八周岁;被扶养人无劳动能力又无其他生活来源的,计算二十年。但六十周岁以上的,年龄每增加一岁减少一年;七十五周岁以上的,按五年计算。被扶养人是指受害人依法应当承担扶养义务的未成年人或者丧失劳动能力又无其他生活来源的成年近亲属。被扶养人还有其他扶养人的,赔偿义务人只赔偿受害人依法应当负担的部分。被扶养人有数人的,年赔偿总额累计不超过上一年度城镇居民人均消费性支出额或者农村居民人均年生活消费支出额。

(6) 死亡赔偿金。死亡赔偿金是指在受害人因遭受人身伤害失去生命的情形下,由赔偿义务人给予其家属的一定赔偿费用。根据人身损害赔偿司法解释第二十九条的规定,死亡赔偿金按照受诉法院所在地上一年度城镇居民人均可支配收入或者农村居民人均纯收入标准,按二十年计算。但六十周岁以上的,年龄每增加一岁减少一年;七十五周岁以上的,按五年计算。

第九章
航空器对地(水)面第三人损害的侵权责任制度

第三节 案例练习

案例一：某航空公司环境污染案

1. 案情介绍

某航空公司一架客机起飞不久就坠入距离机场不远的某海湖，飞机上的47名乘客、6名机组人员和2名地面人员不幸罹难。

除了人员死亡外，某海湖作为某海公园的主要生产资料，也遭受严重的环境污染。当地环保局报告指出，事故现场水体明显受到石油污染，对某海湿地水域水生生物构成严重威胁。当时污染最严重的区域是飞机残骸周围，据检测石油类超标2439倍，挥发酚超标4.4倍，苯超标5.9倍，中间水域石油类超标18.6～36倍，岸边及冰水交接处石油类超标73～229倍。事故发生后，某科学研究院环境评价中心对某海湖水环境、水生态进行全面检测和公众心理调查，调查结果显示事故还造成某海湖的生态系统结构和功能严重破坏，生物多样性大幅下降，空难事故中心区部分生物类别已经绝迹。

围绕某海湖污染治理索赔的纠纷在当地某海公园管理处和航空公司之间展开。某航空公司已先行赔偿某海公园管理处建筑损失、营业中断补偿费等一千多万元。经过多次协商，某航空公司与某市政府最终就空难所造成的某海公园水污染问题达成赔偿协议：双方一致同意某海公园湖水水体污染治理费用为2140万元。

2. 思考题

本案例中地面第三者损害赔偿主要涉及了哪些法律问题？

案例二：某航空公司3054号班机事件

1. 案情介绍

某航空公司3054号班机是一班从A地国际机场飞往B地国际机场的定期航班。2007年7月17日当地傍晚时分，一架负责此航班的客机在大雨中欲降落于B地国际机场时，由于飞行员误设油门位置、速度过快、地面湿滑、机场跑道太短等因素，飞机失控冲出跑道末端，横渡了一条高峰时间中的八车道高速公路之后，最后高速撞入该航空公司在加油站附近的办公大楼并发生爆炸。机上有187名人员(包含181位乘客、6位机组人员)与12名地面人员共199人在事故中丧生。

2. 思考题

本案例中的赔偿义务人包括哪些主体？

第十章 通用航空管理制度

第一节 案例导入

案例一:"土飞机"上天飞行案

1. 案例简介

2006年7月某日,浙江衢州市江山农民徐某在沈家经济开发区驾驶其个人制造的"土飞机"上天试飞,在高度50米以下的区域内飞行约25分钟,期间先后完成了俯冲、急转弯等"高难度"动作。据了解,飞机发动机是他从网上购得,驾驶椅是从汽车上拆下来的座椅,机翼、机身及旋叶等都完全是自造;飞机总重量为130千克,设计时速为25千米/小时至80千米/小时,总投资3万元。

民航浙江监管办针对该事件展开了调查,确认此次飞行活动未向空管部门申请,也未向民航管理部门登记,其行为违反了《民用航空法》和《通用航空飞行管制条例》的相关规定,认定是一起违法飞行活动。民航浙江监管办对当事人给予了警告,并明确禁止其今后的飞行活动。

2. 案例评析

农民自造飞机欲圆蓝天梦的行为必须合法。根据相关法律法规,非经营性通用航空活动应在民航部门登记,经营性通用航空则应取得经营许可;另外,每次飞行前必须向空管部门申请,获准后才能起飞。飞机制造者的审批"门槛"很高,必须获得型号合格证、生产许可证、飞行适航证等多项审批。严格意义上,个人造飞机是不允许的。作为兴趣爱好,制造飞机或者"飞机模型"纯属个人行为,但如果要飞,就必须符合规定。个人造的飞机,安全性能无法保证,不大可能获得空管部门的飞行批准。从公众安全角度看,个人制造、驾驶飞行器对机上乘客和周边群众也存在很大的安全隐患。

(资料来源:陶喜年.江山农民自造飞机成功飞天被判违法[N].青年时报,2006-07-24.)

案例二:农民自费买飞机搞观光旅游被喊停事件

1. 案例简介

2004年9月某日,湖北省鄂州市梁子湖区梁子岛农民方某某自费购买一架轻型水上飞

第十章 通用航空管理制度

机,从事岛上旅游观光。43岁的方某某以前是梁子岛上一家小企业负责人,企业倒闭后,他到岛外闯荡了多年。一个偶然的机会,他得知了超轻型水上飞机获"准生证"的消息,就萌发了在梁子岛开发旅游新项目——水上飞机观光的想法,他的想法得到梁子岛管委会的支持。这一项目营运后,每架次乘坐两名乘客,吸引了不少游客,生意红火。但是该飞机未经民航和安全部门批准,没有办理任何飞行手续,存在严重的安全隐患,于2004年10月4日被有关部门责令停飞。

(资料来源:王德华,田建军.鄂州一农民自费买飞机搞观光旅游被喊停[N].新华网,2004-10-08.)

2. 案例评析

我国《通用航空飞行管制条例》首次明确了"个人"可以作为使用空域的主体向空管部门提出飞行申请。然而,这并不意味着私人飞行彻底放开。按照新的规定,私人飞行申请人可以一次申请划设临时空域长期固定使用,最长使用期限为一年。这与《通用航空飞行管制条例》颁布之前空域使用施行"一事一报"——即每次飞行都必须向空管部门提出申请获准方可飞行相比,确实简便了许多。该条例的实施还使得空管部门接受申请后的批复时间大为缩短。但禁锢仍然存在,该条例并不完全适合包括私人飞行在内的通用航空的低空飞行需求。

第二节　通用航空管理制度概述

一、通用航空概述

1. 通用航空的概念

通用航空是民用航空的重要组成部分,一国民航业的健康协调发展离不开通用航空。对于通用航空的界定,《芝加哥公约》附件6《航空器的运行》采用了排除法,规定:通用航空运行是指除商业航空运输运行或航空作业(GA/AM)运行以外的航空器运行。航空作业是指航空器用于专门的服务,诸如农业、建筑、摄影、测量、观察与巡逻、搜寻与援救、空中广告等运行活动。由于各国的情况不同,通用航空所包含的内容也有所区别。例如,美国的通用航空非常发达,大多数用于通用航空活动的航空器为商社或个人拥有,因而商社自用商务航空和个人消遣飞行是美国通用航空活动的主要类别。其次是航空训练、航空体育和农业航空作业。而法国的通用航空分为轻便航空、自用商务航空和航空作业三大部分,其中又以轻便航空占据重要地位。

我国国内法对通用航空的界定与具体要求也存在差异。根据我国《民用航空法》的规定,通用航空是指使用民用航空器从事公共航空运输以外的民用航空活动,包括从事工业、农业、林业、渔业和建筑业的作业飞行以及医疗卫生、抢险救灾、气象探测、海洋监测、科学实验、教育训练、文化体育等方面的飞行活动。我国《通用航空飞行管制条例》规定,通用航空是指除军事、警务、海关缉私飞行和公共航空运输飞行以外的航空活动,包括从事工业、农业、林业、渔业、矿业、建筑业的作业飞行和医疗卫生、抢险救灾、气象探测、海洋检测、科学实验、遥感测绘、教育训练、文化体育、旅游观光等方面的飞行活动。《一般运行和飞行规则》从

105

运营人角度把通航企业分为商业非运输运营人及私用大型航空器运营人、航空器代管人,从业务上分为一般商业飞行、训练飞行、空中游览、农林喷洒作业飞行、旋翼机机外载荷作业飞行等。对于超轻型飞行器的运行要求,定义为由单人驾驶、仅用于娱乐或体育活动、不需要任何适航证的小型空中飞行器具。

结合有关规定,可以将通用航空定义为:是指除军事、警务、海关缉私飞行和公共航空运输飞行以外的航空活动,包括从事工业、农业、林业、渔业、矿业、建筑业的作业飞行和医疗卫生、抢险救灾、气象探测、海洋监测、科学实验、遥感测绘、教育训练、文化体育、旅游观光等方面的飞行活动。

关于通用航空的定义涵盖以下几个方面的问题:第一,本书采用的是《通用航空飞行管制条例》中对通用航空的定义。第二,通用航空是空中飞行活动的一种,并不是所有的空中飞行活动都属于通用航空。第三,通用航空是一种带有主体资格性质的活动。从事通用航空活动必须是一个单位或个人并取得从事通用航空主体资格的飞行活动。这里既包括商业性质的飞行活动,也包括非商业性质的专业飞行;既包括营利性的飞行活动,也包括非营利性的专业飞行。

2. 通用航空的特征

通用航空最大的优势就是其通用性,具有机动灵活、快速高效等特点,适用于工农业生产、科学研究等各个领域和各个方面。通用航空还具有直达性、行业依附性、经营活动不稳定性和地区差异性等特点。所谓直达性,是指通用航空飞行不受任何地理条件的束缚,可以飞行到任何区域进行通用航空作业。所谓行业依附性,是指通用航空和工业、农业及其他活动紧密联系并依附在一起。所谓经营活动不稳定性,是指通用航空活动易受气候、自然灾害等不稳定因素的影响。所谓地区差异性,一方面,由于我国幅员辽阔,地形复杂,资源分布不均,给通用航空作业带来很大的不同;另一方面,由于各地经济发展不均匀,经济基础存在很大差异,需要因地制宜地发展通用航空事业。

和公共航空相比,通用航空还具有以下四个方面的特点。

第一,环境特点。通用航空在野外进行作业,生活与工作极不方便,点多、线长、面广,流动性大,高度分散。易受到气候条件和地理条件的制约和影响,表现出很强的季节性和突击性。

第二,工作特点。通用航空专业技术性强,不同的作业项目有不同的技术要求和质量标准。没有熟练的飞行技术、丰富的专业知识和对各种特殊情况的处置能力,飞机的飞行安全和作业的质量很难得到保证。

第三,工具特点。通用航空一般使用小型飞机或活动翼飞机,大多进行低空或超低空飞行,加上在各种专业飞行过程中使用的仪器设备各不相同,需要通用航空人员对其实施的作业和使用的工具进行深入的了解和掌握。

第四,经济特点。通用航空的发展既受到经济发展的制约,也受到国家政策、措施的影响。通用航空不同于公共运输,它不仅是生产的前提、价值实现的手段和桥梁,而且直接参与了各项生产活动。对通用航空的需求,取决于工农业的生产和社会发展的需求程度。

3. 通用航空的分类

按照我国《通用航空经营许可管理规定》,经营性通用航空活动分为以下三类。

载客类是指通用航空企业使用符合民航局规定的民用航空器,从事旅客运输的经营性飞行服务活动。

载人类是指通用航空企业使用符合民航局规定的民用航空器,搭载除机组成员以及飞行活动必需人员以外的其他乘员,从事载客类以外的经营性飞行服务活动。

其他类是指通用航空企业使用符合民航局规定的民用航空器,从事载客类、载人类以外的经营性飞行服务活动。载客类经营活动主要类型包括通用航空短途运输和通用航空包机飞行。载人类、其他类经营活动的主要类型由民航局另行规定。

二、通用航空管理法律规范

管理通用航空在很多方面与管理公共航空运输航空有较大区别,因此需要建立专门的通用航空法律规范体系。"十三五"时期,我国初步构建起了相对独立、专门适用的通用航空法规体系框架。"十四五"时期,通用航空标准体系和无人机新业态的制度建设成为了建立健全通用航空法规体系的新赛道。2019年,民航局发布了《完善通用航空法规体系完善法规体系建设实施方案》,提出以行业、政府、社会多元共治为导向,持续推进法规体系重构。民航局在广泛征求业内外意见的基础上,制定了通用航空法规体系重构路线图,形成了通用航空业务框架和通用航空法规框架"两个框架",明确了未来一段时间内中国通用航空的政策走向、立法思路和制度设计需要遵循的基本原则和具体要求。目前,我国通用航空法律规范体系主要由法律、民航行政法规、民航规章、行政规范性文件四个层级构成。

1. 法律

我国《民用航空法》对通用航空的概念、从事通用航空应当具备的条件、经营性通用航空企业的安全义务等进行了规定,并明确强调了通用航空作业活动应该着重保护飞行安全、减少事故发生;明确要求从事通用航空活动的,应当投保地面第三人责任险。《民用航空法》作为制定民用航空法规和规章的母法,也成为制定通用航空管理规章、标准体系的基础,从较高法律位阶奠定了通用航空安全监管的法律基础。

2. 民航行政法规

我国的民航行政法规中,以通用航空为调整和规范对象的主要是《国务院关于通用航空管理的暂行规定》《通用航空飞行管制条例》《中华人民共和国飞行基本规则》《民用机场管理条例》。《国务院关于通用航空管理的暂行规定》首次将"专业航空"更名为"通用航空",明确了通用航空行业管理机构、从事通用航空活动需履行的报批手续、从事通用航空经营活动的审批管理程序、要求等。该规定于2022年5月1日根据《国务院关于修改和废止部分行政法规的决定》废止。《通用航空飞行管制条例》是我国通用航空飞行活动的指导性文件,该条例综合考虑了空域管理、飞行保障、审批手续等方面的责任和要求;规范了从事通用航空飞行活动的单位或个人向当地飞行管制部门提出飞行计划申请的程序、时限要求;明确了在大陆范围内进行的一些特殊飞行活动,所需履行的报批手续和文件要求;并对升放和系留气球做出了具体要求。《中华人民共和国飞行基本规则》从飞行间隔、飞行指挥、航路和航线飞行、机场区域内飞行、空域管理和飞行管制等方面提出了要求。《民用机场管理条例》对通用机场的规划、建设、投入使用的条件,通用机场许可证的颁发等进行了系统规范。

3. 民航规章

经营管理类的规章主要有《通用航空经营许可管理规定》《非经营性通用航空登记管理规定》《外商投资民用航空业规定》《外商投资民用航空业规定的补充规定》《外商投资民用航空业规定的补充规定（二）》等。《通用航空经营许可管理规定》规范了行业管理部门的通用航空经营许可行为，规定了设立通用航空企业的条件、经营项目、申报文件要求、审批程序、时限等。继2018年、2019年修订之后，2020年8月，交通运输部颁布了新修订的《通用航空经营许可管理规定》。新规定将经营性通用航空活动的分类由原先按照通航企业注册资本金规模划分为四类经营性活动，修改为按照飞行活动性质划分为"载客类""载人类"以及"其他类"三类通用航空活动，由于不同性质的飞行活动对应的飞行安全要求和所涉公共利益不同，因此突出了分类监管的原则。此外，新规定降低了通航企业申请经营许可证的门槛，对从事载客类经营活动的通航企业提出了更高的监管要求。《非经营性通用航空登记管理规定》规范了行政管理部门对非经营性通用航空活动的行政许可行为，规定了申请登记的条件、内容、文件要求、登记程序、时限等。《外商投资民用航空业规定》以及《外商投资民用航空业规定的补充规定》《外商投资民用航空业规定的补充规定（二）》等民航规章规定了境外资本投资民用航空包括通用航空的具体条件、要求及审批程序等。

通用航空运行审定类规章包括《一般运行和飞行规则》《小型航空器商业运输运营人运行合格审定规则》等，对通用航空所涉及的一般运行、小型航空器商业运行的合格审定标准进行了规范。此外，专业机构审定类规章包括《民用航空器驾驶员学校合格审定规则》《飞行训练中心合格审定规则》《民用航空器维修单位合格审定规定》等，明确了对飞行训练机构、飞行驾驶执照培训机构以及维修单位的审定标准。

专业人员执照、资质审定类规章包括《民用航空器驾驶员、飞行教员和地面教员合格审定规则》《民用航空器领航员、飞行机械员、飞行通信员合格审定规则》《民用航空器维修人员执照管理规则》《民用航空飞行签派员执照管理规则》《民用航空航行情报人员岗位培训管理规定》《民用航空航行情报员执照管理规则》等，明确了对申请专业人员执照、资质的具体条件和要求。

除普遍需要遵守的规章外，通用航空特有的规章还包括《正常类、实用类、特技类和通勤类飞机适航规定》《正常类旋翼航空器适航规定》《运输类旋翼航空器适航规定》《载人自由气球适航规定》《通用航空安全保卫规则》等。

4. 行政规范性文件

我国部分行政规范性文件也将通用航空作为规范、管理的对象。例如《通用航空空管运行规定》《通用航空包机飞行管理暂行办法》《通用航空短途运输管理暂行办法》《通用航空包机飞行（短途运输）经营管理暂行办法》《通用航空器适航检查单（直升机）》《通用航空机场空管运行保障管理办法》等。2020年9月，民航局空管办发布了《通用航空预先飞行计划管理规定》征求意见建议的通知，采用负面清单管理模式。2023年7月，民航局运输司发布了关于征求对《通用航空短途运输运营服务管理办法》（征求意见稿）意见的通知。

三、通用航空管理法律制度

通用航空管理法律制度主要涉及通用航空的准入制度、通用航空飞行空域的划设与使用制度、通用航空飞行活动管理制度、民用无人驾驶航空器飞行活动管理制度、通用航空飞行活动的法律责任制度等方面。

1. 通用航空的准入制度

通用航空的准入制度经历了几个阶段的发展。1986—1994年,通用航空的准入制度依据《通用航空管理暂行规定》,该规定并没有对通用航空业务进行经营性与非经营性划分,而是进行统一管理,所有从事通用航空业务的企业,都需要办理通用航空许可证,即双许可模式。从1995年开始,《民用航空法》从法律层面上开始对通用航空实行分类监管:将通用航空业分为经营性通用航空和非经营性通用航空,对前者采取一般许可模式,对后者采取登记模式来进行监管。2004年颁布的《非经营性通用航空登记管理规定》,也延续了《民用航空法》的规定,对非经营性通用航空采取登记的监管方式。2020年至今,《通用航空经营许可管理规定》将经营性通用航空的分类模式由以前的纵向分类模式变为横向分类模式;《关于取消"非经营性通用航空登记核准"加强事中事后监管措施的公告》对非经营性通用航空市场准入法律制度取消许可,改为备案,对经营性通用航空依然采取一般许可的监管方式。

现行法关于非经营性通用航空的市场准入主要存在三个层级的规定,包括法律层面的《民用航空法》,行政法规层面的《通用航空管理暂行规定》以及部门规章层面的《非经营性通用航空登记管理规定》。上述法规都是在对通用航空进行分类的基础上进行市场准入规制的。凡符合法律规定的基本条件者,均可从事通用航空,但从事经营性通用航空的主体仅限于企业法人。从事通用航空的基本条件包括以下几方面。

(1) 有与所从事的通用航空活动相适应,符合保证飞行安全要求的民用航空器。

(2) 有必需的依法取得执照的航空人员。

(3) 符合法律、行政法规规定的其他条件,如通用航空企业从事经营性通用航空活动,除了紧急情况下的救护或者救灾飞行,均应当与用户订立书面合同;组织实施作业飞行时,应当采取有效措施,保证飞行安全,保护环境和生态平衡,防止对环境、居民、作物或者牲畜等造成损害等。

2. 通用航空飞行空域的划设与使用制度

从事通用航空飞行活动的单位、个人,根据飞行活动要求,需要划设临时飞行空域的,应当向有关飞行管制部门提出划设临时飞行空域的申请。划设临时飞行空域的申请应当包括下列内容:临时飞行空域的水平范围、高度;飞入和飞出临时飞行空域的方法;使用临时飞行空域的时间;飞行活动性质等。划设临时飞行空域,按照下列规定的权限批准:在机场区域内划设的,由负责该机场飞行管制的部门批准;超出机场区域在飞行管制分区内划设的,由负责该分区飞行管制的部门批准;超出飞行管制分区在飞行管制区内划设的,由负责该管制区飞行管制的部门批准;在飞行管制区间划设的,由中国人民解放军空军批准。批准划设临时飞行空域的部门应当将划设的临时飞行空域报上一级飞行管制部门备案,并通报有关单位。

划设临时飞行空域的申请,应当在拟使用临时飞行空域7个工作日前向有关飞行管制部门提出;负责批准该临时飞行空域的飞行管制部门应当在拟使用临时飞行空域3个工作日前作出批准或者不予批准的决定,并通知申请人。临时飞行空域的使用期限应当根据通用航空飞行的性质和需要确定,通常不得超过12个月。因飞行任务的要求,需要延长临时飞行空域使用期限的,应当报经批准该临时飞行空域的飞行管制部门同意。通用航空飞行任务完成后,从事通用航空飞行活动的单位、个人应当及时报告有关飞行管制部门,其申请划设的临时飞行空域即行撤销。已划设的临时飞行空域,从事通用航空飞行活动的其他单位、个人因飞行需要,经批准划设该临时飞行空域的飞行管制部门同意,也可以使用。

3. 通用航空飞行活动管理制度

在中华人民共和国境内从事通用航空飞行活动,必须遵守《通用航空飞行管制条例》。在中华人民共和国境内从事升放无人驾驶自由气球和系留气球活动,也适用该条例的有关规定。从事通用航空飞行活动的单位、个人,必须按照《民用航空法》的规定取得从事通用航空活动的资格,并遵守国家有关法律、行政法规的规定。

从事通用航空飞行活动的单位、个人实施飞行前,应当向当地飞行管制部门提出飞行计划申请,按照批准权限,经批准后方可实施。飞行计划申请应当包括下列内容:飞行单位;飞行任务性质;机长(飞行员)姓名、代号(呼号)和空勤组人数;航空器型别和架数;通信联络方法和二次雷达应答机代码;起飞、降落机场和备降场;预计飞行开始、结束时间;飞行气象条件;航线、飞行高度和飞行范围;其他特殊保障需求。从事通用航空飞行活动的单位、个人有下列情形之一的,必须在提出飞行计划申请时,提交有效的任务批准文件:飞出或者飞入我国领空的(公务飞行除外);进入空中禁区或者国(边)界线至我方一侧10千米之间地带上空飞行的在我国境内进行航空物探或者航空摄影活动的;超出领海(海岸)线飞行的;外国航空器或者外国人使用我国航空器在我国境内进行通用航空飞行活动的。飞行计划申请应当在拟飞行前1天15时前提出;飞行管制部门应当在拟飞行前1天21时前作出批准或者不予批准的决定,并通知申请人。执行紧急救护、抢险救灾、人工影响天气或者其他紧急任务的,可以提出临时飞行计划申请。临时飞行计划申请最迟应当在拟飞行1小时前提出;飞行管制部门应当在拟起飞时刻15分钟前作出批准或者不予批准的决定,并通知申请人。

4. 民用无人驾驶航空器飞行活动管理制度

依据我国《民用无人驾驶航空器系统空中交通管理办法》的规定,民用无人驾驶航空器仅允许在隔离空域内飞行。民用无人驾驶航空器在隔离空域内飞行,由组织单位和个人负责实施,并对其安全负责。多个主体同时在同一空域范围内开展民用无人驾驶航空器飞行活动的,应当明确一个活动组织者,并对隔离空域内民用无人驾驶航空器飞行活动安全负责。民用无人驾驶航空器飞行应当为其单独划设隔离空域,明确水平范围、垂直范围和使用时段。可在民航使用空域内临时为民用无人驾驶航空器划设隔离空域。飞行密集区、人口稠密区、重点地区、繁忙机场周边空域,原则上不划设民用无人驾驶航空器飞行空域。隔离空域由空管单位会同运营人划设。划设隔离空域应综合考虑民用无人驾驶航空器通信导航监视能力、航空器性能、应急程序等因素,并符合下列要求:隔离空域边界原则上距其他航空器使用空域边界的水平距离不小于10千米;隔离空域上下限距其他航空器使用空域垂直距离8400米(含)以下不得小于600米,8400米以上不得小于1200米。在运行条件方面,民用无人驾驶航空器在隔离空域内运行时,应当符合下列要求:民用无人驾驶航空器应当遵守规定的程序和安全要求;民用无人驾驶航空器确保在所分配的隔离空域内飞行,并与水平边界保持5千米以上距离;防止民用无人驾驶航空器无意间从隔离空域脱离。为了防

第十章 通用航空管理制度

止民用无人驾驶航空器和其他航空器活动相互穿越隔离空域边界,提高民用无人驾驶航空器运行的安全性,需要采取下列安全措施:驾驶员应当持续监视民用无人驾驶航空器飞行;当驾驶员发现民用无人驾驶航空器脱离隔离空域时,应向相关空管单位通报;空管单位发现民用无人驾驶航空器脱离隔离空域时,应当防止与其他航空器发生冲突,通知运营人采取相关措施,并向相关管制单位通报。空管单位应当同时向民用无人驾驶航空器和隔离空域附近运行的其他航空器提供服务;在空管单位和民用无人驾驶航空器系统驾驶员之间应建立可靠的通信;空管单位应为民用无人驾驶航空器指挥与控制链路失效、民用无人驾驶航空器避让侵入的航空器等紧急事项设置相应的应急工作程序。

为了进一步规范民用无人驾驶航空器新业态的发展,2020年5月,民航局制定并公布了《民用无人驾驶航空试验基地(试验区)建设工作指引》,引导民用无人驾驶航空试点示范工作有序开展。2023年6月,国务院、中央军委公布了《无人驾驶航空器飞行管理暂行条例》,自2024年1月1日起施行,该条例是我国首部无人驾驶航空器顶层法规。主要按照分类管理思路,加强对无人驾驶航空器设计、生产、维修、组装等的适航管理和质量管控,建立产品识别码和所有者实名登记制度,明确使用单位和操控人员资质要求;严格飞行活动管理,划设无人驾驶航空器飞行管制空域和适飞空域,建立飞行活动申请制度,明确飞行活动规范;强化监督管理和应急处置,健全一体化综合监管服务平台,落实应急处置责任,完善应急处置措施。

5. 通用航空飞行活动的法律责任制度

在我国,从事通用航空飞行活动的单位、个人有下列情形之一的,由有关部门按照职责分工责令改正,给予警告;情节严重的,处2万元以上10万元以下罚款,并可给予责令停飞1个月至3个月以及暂扣直至吊销经营许可证、飞行执照的处罚;造成重大事故或者严重后果的,依照刑法关于重大飞行事故罪或者其他罪的规定,依法追究刑事责任:①未经批准擅自飞行的;②未按批准的飞行计划飞行的;③不及时报告或者漏报飞行动态的;④未经批准飞入空中限制区、空中危险区的。

第三节 案例练习

案例一:无人机危害公共安全案

1. 案情介绍

2018年2月某日,在某市某区的一片空地上,按照承包协议,某技术有限公司员工唐某、某航空有限公司郭某等4人,操纵一架油电混合动力无人机升空约1000米高度,对矿区进行地形图航空测绘。就在无人机测绘航线快走完的时候,唐某等人发现头顶上空有战斗机出现,几人心虚顿感不妙。之所以心虚,是因为几人不但都不具备操纵无人机资质,更严重的是没有申请空域,他们在飞行未报备情况下,就擅自将无人机升空作业。正当唐某等人发现战斗机低空飞行,赶紧将无人机降落准备逃离时,被前来查证的军警联合行动人员当场控制。

事实上,就在无人机起飞不久,某战区及战区空军有关部门迅速通过技术手段,在该市正东 25 千米处发现一批不明空情。随后,战区联指中心命令两架战斗机升空查证,空中飞行员目视发现为固定翼无人机。同时,派出地面部队赴事发地域,与当地警方联合处置。接到当地武装部通报,该市某区公安分局立即启动应急预案,民警与区武装部人员第一时间赶到事发现场,及时控制 4 名无人机操作人员,当场缴获无人机两架。

虽然这起无人机"黑飞"事件在警方与部队联合行动下被迅速查处,但却造成了严重的影响。由于该航拍行为未向某战区申请飞行空域、飞行计划,在航拍过程中被解放军空军雷达检测发现为不明空情,致使空军出动战斗机查证并将其迫降。此次空情,某战区组织战区空军、某省军区各级指挥机构和相关部队千余人,出动多部战斗机、雷达、车辆参与处置,并导致多架航班延误或被迫修改航线。

唐某等人的违法操纵无人机行为,不仅扰乱空中管理秩序,影响民航安全飞行,造成巨大经济损失,还干扰了部队正常的空中训练,占用了军队战备资源,耗费了大量的人力、物力,同时也给空防安全带来严重现实威胁。到案后,涉事人员交当地警方依法处理,唐某等人对犯罪事实供认不讳。因涉嫌过失以危险方法危害公共安全罪,4 月,唐某等 4 人被检察机关批准逮捕。9 月,人民检察院以 4 被告人涉嫌过失以危险方法危害公共安全罪公诉到人民法院。法院审理认为,被告人唐某、金某某、刘某、郭某 4 人的行为违反了航空管理法规,放飞无人机未向某战区申请飞行空域、飞行拍摄计划,扰乱了空中管制秩序,造成严重后果,危害了公共安全,已构成过失以危险方法危害公共安全罪。鉴于 4 名被告人认罪态度较好,积极赔偿民航经济损失,合议庭综合案情后,对 4 名被告人均作出判处有期徒刑 1 年,缓刑 1 年的判决。

2. 思考题

无人机的运用对于公共安全领域带来哪些新的挑战和新问题?

案例二:八家通航企业违规遭处罚案

1. 案情介绍

民航某地区管理局公布了一批行政处罚决定书,8 家通航企业和 1 名维修人员因违规行为遭处罚。据不完全统计,受罚企业问题包括:未及时上报不安全信息;涉嫌超范围经营;涉嫌超时运行;涉嫌违反总飞行师资质偏离许可实施运行以及违反《民用航空器驾驶员和地面教员合格审定规则》等。在违规黑名单中,某航空俱乐部有限公司最受瞩目。2016 年 9 月 15 日,该公司在"2016 某地通用航空展暨某飞行大会"期间超出经营许可证载明的经营范围从事空中游览经营活动,并造成飞机失事,机上 4 人全部遇难。此后,民航某地区管理局也对其涉嫌超出经营许可证范围从事空中游览经营活动进行了调查。行政处罚决定书上明确,以上事实有民用航空行政案件调查笔录、航空俱乐部有限公司飞行体验人员健康申报表、公司营业执照和通用航空经营许可证等多项证据为证。某航的行为违反了《通用航空经营许可管理规定》(交通运输部令 2016 年第 31 号)相关规定,民航某地区管理局决定吊销其经营许可证。

2. 思考题

如何在保证通用航空产业快速发展的同时保持高水准的安全监管能力?

第十一章 航空保险制度

第一节 案例导入

案例一：航班延误险系列诈骗案

1. 案例简介

1）某市公安局锁定骗取保险理赔金犯罪团伙

某市公安局经侦总队对保险领域各险种理赔情况进行调研时发现，某市的航班延误险整体赔付率较高，存有违法犯罪的苗头。经侦总队通过多维度排查比对，初步锁定了4个利用提前获知航班延误信息，虚构保险标的并乘坐延误航班来骗取保险理赔金的犯罪团伙。经查，犯罪嫌疑人杨某、何某等人为牟取不法利益，招募组建"保险理赔团队"，并在多地组建合作团队，以免费乘机住酒店及提供一定报酬为幌子，对外招揽乘机人。之后，犯罪团伙根据掌握的航班延误信息购买对应航班机票，并分别通过保险公司官网、保险代理公司等渠道重复投保多份航班延误险，虚构被保险人需要航空出行正常如约达到的事实，并使用私刻的航空公司及机场印章，伪造多份航班延误证明，分别向各家保险公司申请理赔。这些犯罪嫌疑人近年来连续作案数千起，涉案金额超2000万元。部分犯罪嫌疑人曾是为航空公司代理机票业务的工作人员，既熟悉航空公司工作信息流程，又通过不法手段获取了航班延误信息，进而购买明知将会延误的航班机票来实施诈骗。警方经过半年的缜密侦查，在多地开展集中收网行动，最终将27名犯罪嫌疑人一举抓获。

2）某市航班延误险骗保案开庭审理

曾长期从事机票票务代理行业的杨某某创立了某投资管理有限公司，并招募27人组成投保团队，以免费为名义在3年间招募了近800名乘机人，并以受雇的乘机人为被保险人，为每人重复投保10份以上的航延险，投保成功后代乘机人订购机票。

该公司通过航班信息App、延误航班抓包软件、机场天气公众号等公开信息进行预测并追买延误后极有可能直接被取消的航班，通过改签给乘机人留出登机时间，同时获得最大限度理赔。调查表明，乘机人对投保人使用自己身份信息行为知情同意，投保团队通过公开信息而非内幕消息判断航班是否会延误甚至取消。

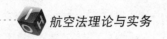

2021年10月,某市中院二审判决,杨某某虚构保险标的或编造未曾发生的保险事故,构成保险诈骗罪,判处杨某某有期徒刑12年,剥夺政治权利2年,并处罚金20万元。

(资料来源:杨悦. 航延险诈骗争议不断,何解?[N].南方评论,2022-04-03.)

2. 案例评析

航班延误险是指投保人(乘客)根据航班延误保险合同规定,向保险人(保险公司)支付保险费,当合同约定的航班延误情况发生时,保险人(保险公司)依约给付保险金的商业保险行为。各类航班延误险对于如何界定延误,都有不同的标准。保险公司根据本公司规定进行审核,审核通过即可理赔。

航班延误险保障的是乘客的权益。在飞机延误的时候,乘客有可能会因为延误的情况而造成财产或者精神方面的损失。航班延误险就是为了补偿乘客因飞机延误造成的各种损失而存在的。在本案中,如果飞机延误了,会对乘机人造成损失吗?当然不可能,因为他们根本就没坐飞机,所以根本不存在航班延误险的保险标的。本案中行为人虽然购买了飞机票,但是购票行为背后的含义是通过购买飞机票来骗保险公司,使保险公司误以为存在保险标的,然而事实上行为人每一次买飞机票都不存在保险标的,因此,上述行为均属于保险诈骗罪。

案例二:联邦快递705号班机事件

1. 案例简介

联邦快递705号班机是从联邦快递总部孟菲斯机场起飞至圣何塞国际机场的全货运航班。1994年4月7日,卡洛维于飞机起飞后不久便用斧头攻击机组人员,令副机长塔克的头盖骨破裂。卡洛维原计划杀死了机组人员后驾驶飞机撞击联邦快递总部,并布局为一次意外的空难事故。可是他没料到机上的机组人员负伤后仍奋起反抗,机长辛德斯及飞航工程师彼德逊与卡洛维于驾驶室后的员工休息区发生斗殴;而受了重伤的塔克负责控制飞机。他控制飞机以极端的飞行姿态(包括以特技表演动作朝左方旋转、让飞机翻滚、急速垂直俯冲等),帮助其同伴卸除卡洛维的武器,令打斗中的卡洛维失去平衡。在漫长的打斗,机组成员成功制伏了卡洛维,机长辛德斯回到驾驶室。此时,机上的自动驾驶系统在打斗时受损失灵,飞机亦在满载了燃料及货件的情况下,准备紧急降落孟菲斯国际机场的09跑道。但由于飞机满载,降落时高度过高及速度过快,因此辛德斯要求准许降落在较长的36跑道,并要求地面支持。最后飞机安全地降落,地面戒备的救护员进入机舱时,驾驶舱布满血迹。

(资料来源:李会超,等.阴谋与逆袭——联邦快递705号航班[J].百科探秘(航空航天),2019(Z2):30-34.)

2. 案例评析

经过调查,联邦快递705号事件是一起典型的企图保险欺诈而实施的劫机犯罪。此事源于1990年卡洛维与妻子离婚,但是他依然要供养前妻和两个孩子。卡洛维希望自己的孩子过上优渥的生活,但是他自己的经济状况却比较糟糕。到了1994年,联邦快递公司通过调查发现卡洛维高估了自己的飞行小时经验,他可能因此被公司解雇。这迫使卡洛维想出了最后的办法,他将自己所有的基金兑换为现金一共5.4百万美元,并寄给了自己的前妻,但他的寿险价值约为250万美元,如果是因为工伤辞世的话,就能获得这笔保险金。

根据美国法律的规定,卡洛维的行为属于保险欺诈,是对众多投保人利益的严重侵犯,属于严重的犯罪行为。美国法律要求保险公司在保单上必须印有诸如"任何有意识地提出欺诈性的索赔都是犯罪行为,可能会受到罚款或监禁的处罚"等警示语,为鼓励保险公司开展反欺诈,法律还对保险公司的反欺诈调查取证行为予以民事法律责任的豁免。本案中,行为人企图故意造成保险事故、故意造成被保险人死亡都属于典型的保险欺诈行为,不仅损害保险公司的利益,同时也损害其他投保人、被保险人或者受益人的利益。保险欺诈还常常伴有其他暴力犯罪事件,因此是一种社会危害极大的违法犯罪行为。

第二节 航空保险制度概述

一、航空保险概述

1. 航空保险的概念

航空保险(aviation insurance)是以与航空运输有关的各种空中或地面损失为保险标的的各种保险的总称,具体是指投保人根据合同约定,向保险人支付保险费,保险人对于合同约定的可能发生的航空事故因其发生所造成的财产损失承担赔偿保险金责任,或者当被保险人死亡、伤残、疾病或者达到合同约定的年龄、期限时承担给付保险金责任的商业保险行为。即承保与航空有关之各种空中与地面的损失。

航空保险法是指以航空保险关系为调整对象的法律规范的总称。国际上没有统一的狭义上的国际航空保险法,对与国际航空运输有关的保险分散于相关其他国际条约之中。在各国国内法中,航空保险的相关规定也散落于保险法之中,狭义上单独称为航空保险法的几乎没有。国际上关于航空保险的规定主要依据1999年《蒙特利尔公约》,公约要求当事国应当要求其承运人就其本公约中的责任进行充分保险。当事国可以要求经营航空运输至该国国内的承运人提供已就其本公约中的责任进行充分保险的证据。公约为国际民航组织(ICAO)的各个成员国设定了一项义务和一项权利。其义务是,各个成员国应当要求其承运人投保能够涵盖其可能承担的责任的保险。其责任是,承运人根据1999年《蒙特利尔公约》应当承担有关货物毁灭、遗失、损坏或者延误等潜在的责任。其保险金额通常要与其承运的运输量以及公约中的责任限额相适应。其权利是,各个成员国有权要求经营从本国始发或者到达本国或者在本国作商业性降停的航空货物运输的外国承运人提供证据证明其已经就上述责任进行了充分保险。对于承运人而言,此规定不是强制性的保险条款,公约本身并不强制要求各承运人必须投保。只有在其本国或者有关外国对他提出相应要求的情况下,承运人才有进行充分保险的义务。在实践中,外国各主要航空公司的保险意识都很强,基本上都主动购买了航空运输责任保险。最初,航空保险都是由保险人的水险部门或意外险部门办理。随着世界航空事业的迅速发展,目前世界上较大的保险人都有了独立的航空险部,专门办理各种航空保险,这也是由航空保险的技术特点决定的,因为承保航空险的保险人必须熟悉航空专门技术和航空法律知识。

通过上述定义,可以看出航空保险具有以下几个方面的含义。首先,航空保险是商业保险行为,商业保险具有经营性,以追求经济效益为目的。其次,航空保险是一种合同行为,即通过签订保险合同,明确双方当事人的权利与义务,被保险人以缴纳保费获取保险合同规定范围内的赔偿,保险人则有收受保费的权利和提供赔偿的义务。最后,航空保险是经济补偿或保险给付以合同约定的保险事故发生为条件。

2. 航空保险的特征

引起航空事故的原因很多,航空保险对于转嫁航空事故所发生的风险,促进航空运输业的发展以及保护被保险人的合法权益意义重大。与普通财产险、车险、货运险等常规险种相比,航空保险具有以下显著特点。

(1) 高价值、高风险、高技术。高价值是指保额较常规险种高。以飞机保险为例,一架波音747飞机,保险金额已超过2.4亿美元,而航空公司综合责任限额可高达12.5亿美元,航空公司战争险保单的累积限额更是高达20亿美元,在其他航空责任险上,每张保单的限额通常都会超过3亿美元。

高风险是指一旦出险,就可能发生高额赔付。这一方面与航空险高价值的特点紧密相连,另一方面是由于保险标的出险时全损的概率很高。一架准备着陆的飞机遇到雷雨或侧风,如果驾驶员稍有不慎,机毁人亡的惨剧就可能产生,而这时保险人面临的索赔将会是天文数字。高技术是指航空业在技术上非常复杂,这就要求承保、勘察、定损人员必须具有相关的专业知识;而飞行具有流动性和全球性,使得在旅客责任险、第三者责任险及其他综合责任险的赔偿处理时要依据体系复杂的民用航空法规。因此,航空保险承保、理赔的技术含量很高。

(2) 再保险和共保必不可少。航空保险"三高"的特点,决定了一家保险公司很难独自承担风险,为了经营的稳定性,保险人必然需要稳妥的再保险体系或共保方式,以分散风险。在涉及融资租赁的保险标的承保过程中,出租人或标的所有人往往在租赁协议中强制要求承租人购买保险时必须办理再保险。

(3) 国际航空保险市场影响大,具体表现为:①险种国际化;②承保条件与国际市场同步,费率波动受国际市场制约;③原保险人与再保险人共同处理理赔案;④保险单格式不固定。

3. 航空保险的分类

航空保险可依据不同的标准做出不同的分类。通常,航空保险可以分成以下几类。

1) 自愿保险与强制保险

依照保险的实施形式,航空保险可分为自愿保险和强制保险。

(1) 自愿保险是在自愿的原则下,根据投保人与保险人订立的合同而构成的保险关系。

(2) 强制保险又称为法定保险,是以国家颁布法律、法规的形式来实施的。凡在法律规定的范围内,都必须全部投保,保险人、投保人双方都没有选择承保或投保的余地。

2) 财产保险、人身保险和责任保险

依照保险的标的不同,航空保险可以分为财产保险、人身保险和责任保险。航空财产保险是以财产及其相关利益为保险标的的保险,如以航空器机身及行李货物等的损毁灭失等为保险标的的保险。航空人身保险是以人的寿命和身体为保险标的的保险,如以航空运输中的人身意外伤害为保险标的的保险。航空责任险是以航空运输中的责任为保险标的的保险,如以航空运输中的承运人责任为保险标的的保险。

3）原保险与再保险

依照保险人承担责任的次序分类,可以分为原保险与再保险。

原保险是指由保险人直接承保业务并与投保人签订保险合同,对于被保险人因保险事故所造成的损失,承担直接的原始赔偿责任的保险。再保险是一方保险人把原承保的部分或全部保险业务转让给另一方保险人承担的保险。

4）联合保险与独立保险

依照保险责任主体独立承担保险责任还是分摊保险责任的情况来分类,保险可分为联合保险和独立保险。

联合保险也称共保,是指由多个保险主体共同承担的保险责任形式。

独立保险是由一个保险责任主体独立承担保险责任的保险形式。

4. 航空保险的基本原则

保险的基本原则主要包括保险利益原则(主要是指签订合同的投保人和被保人需要有利益关系)、最大诚信原则(当事人在投保的时候,要跟保险公司如实报告有关事故的实际情况,不能存在有任何的隐瞒欺骗行为)、近因原则(当风险发生时,保险公司只能以引起风险发生的最直接的、最有效的、最起决定作用的原因为依据赔偿或给付保险金)、损失补偿原则(保险人通过向被保险人进行补偿,使被保险人得到一定的经济补偿,且损失补偿额度是以实际损失为准的)。此外,还包括代位求偿原则(在保险人向被保险人支付一定的赔偿金之后,被保险人也有权利向造成事故的第三方提出赔偿)、重复保险分摊原则(投保人在多个保险公司重复购买同一份保险,其索赔金额需要在各个保险公司之间分摊,且赔偿金额不能够超过被保险人的损失金额)等。

二、航空保险的常见险种

1. 飞机机身险

飞机机身险主要承保飞机在飞行和滑行中或在地面停航时被保险飞机的机身、发动机及附件设备的灭失、损坏、失踪以及飞机发生碰撞、跌落、爆炸、失火等不论何种原因而造成飞机的全损或部分损坏,保险公司予以赔偿。这是一种强制性保险,集财产保险和责任保险于一体的综合险种。我国和国际社会均要求航空运输的经营者投保此类保险。

但是,以下几种情况则不属赔偿范围,即除外责任。

（1）飞机不符合适航条件而飞行。

（2）被保险人的故意行为。

（3）机械故障、磨损、断裂和损坏以及飞机设计上的缺陷和失误。以上问题实际上是一种正常的运营消耗,而不是保险应承担的责任。由于石块、碎石、灰层、沙粒、冰块等所引起的吸入性损坏,致使飞机发动机逐渐损坏,这通常也被认为是"磨损、断裂和慢性损坏",因而也不予赔偿。但由于单一事故而引起的突然性的吸入性损坏,从而使发动机立刻不能工作,这种情况应列入保险范围内,给予保险赔偿。

（4）飞机战争、劫持险条款规定的承保和除外责任。

另外,在飞机机身险的保单中,还规定以下与机身险发生有关的费用也由保险公司赔付,不论飞机是全损还是部分损坏：事故发生后的施救费用,一般不应超过保险金额的

10%,但事先征得保险公司同意则可不受此限制;飞机从出事地点运往修理厂的运输费用;损坏飞机修理后的试飞及进行检验的合理费用;修好后的飞机运返出事地点或其他指定地点的运输费用。

飞机机身险中投保的金额通常是约定价值。与一般财产险不同,保险公司在承保时都需要在保险单中规定一个免赔额,一旦发生事故,保险公司要根据免赔额来酌定保险赔偿额。

2. 机身战争险

机身战争险承保由下列原因引起的飞机损失或损坏:战争、入侵、外敌行动、内战、叛乱、起义、军管、武装夺权或篡权;罢工、暴动、国内暴乱、劳工骚乱;一人或多人出于政治或恐怖主义的目的而采取的任何行动;任何第三者的恶意行为或阴谋破坏活动;任何政府或公众或地方当局采取的或按其命令采取的充公、国有化、扣押、占用或征用;未经被保险人同意,机上任何一人或几个人在飞行中对飞机或机组人员进行劫持或非法扣押或错误操作(包括这种扣押或操作的企图)。

机身战争险保险单受理由上述危险而引起的各种索赔,但不承保由下列任何一个或几个因素引起的损失、损坏或支出。

(1) 下列五国中任何两国之间发生的战争:中国、美国、英国、法国、俄罗斯。一旦上述国家中的任何两个国家发生战争(不管是否宣战),该保险单自动失效。

(2) 发生原子武器或放射性武器爆炸、核裂变和核聚变或其他类似反应,不论是带有敌意的或是其他什么原因。一旦发生上述情况中的任何一种,保险单即自动终止。

(3) 因财务原因和营运原因而造成的损失。

机身战争险一般是作为机身一切险的一种特别附加险承保的。因此,其投保的金额也是约定价值。但机身战争险通常没有免赔额。

3. 法定责任险

法定责任险承保飞机在营运过程中(飞行及起降过程中)因意外事故而导致人身伤亡或财产损失而应由被保险人承担的经济赔偿责任,保险公司负责赔偿。飞机法定责任保险包括旅客责任险(含行李)、货物责任险、邮件责任险及第三者险四种。下面介绍法定责任险中的两种主要险别,旅客法定责任险和第三者责任险。

旅客法定责任险承保旅客在乘坐或上下飞机时发生意外,造成旅客的人身伤亡及其所带行李(包括手提行李和交运行李)物品的损失,依法应由被保险人(航空承运人)承担的赔偿责任,保险公司给予赔偿。本保险单中的旅客是指购买飞机票的旅客或航空运输企业同意免费搭载的旅客,但不包括为履行航空运输企业的飞行任务而免费搭载的人员。

第三者责任险承保飞机在营运中由于飞机坠落或从飞机上坠入、坠物而造成第三者的人身伤亡或财产损失应由被保险人承担的赔偿责任,保险公司负责赔偿。但属于被保险人的雇员(包括机上和机场工作人员)、被保险飞机上的旅客的人身伤亡或财产损失则均不属于第三者责任险承保范围。

此外,法定责任险还负责与事故发生有关的费用支出,如事故发生后的搜索和施救费用,为减少事故损失及损坏而采取的措施的成本、清除飞机残骸的费用等。另外,保险公司对因涉及被保险人的赔偿责任而引起的必要的诉讼费用也予以负责。

第十一章
航空保险制度

法定责任险对被保险人的投保总额作了限制,如保险单规定"任一事故的保险总额或保险期内发生的累计损失的保险总额限制在10亿美元",即本保险单规定的责任保险的最高赔偿额为10亿美元。

上述两种险是目前我国民航各大航空公司普遍投保的险种。

4. 第三者责任险

第三者责任险是民用航空器的经营人向保险公司投保的对因民用航空器事故造成的第三者的人身或财产损失所承担责任的保险。我国对这一保险作了强制性规定,国际社会也对航空器经营人以此类保险作为责任的担保方式予以充分的认可。

5. 航空人身意外伤害险

航空人身意外伤害险是保险公司为航空旅客专门设计的一种针对性很强的商业险种,由投保人自行投保,属于自愿性质的航空保险。其保险期限从被保险乘客踏入保单上载明的航班班机舱门开始到飞抵目的港走出舱门为止。它的保险责任是被保险乘客在登机、飞机滑行、飞行、着陆过程中,即在保险期限内因飞机意外事故遭到人身伤害导致身故或残疾时,由保险公司按照保险条款所载明的保险金额给付身故保险金,或按身体残疾所对应的给付比例给付残疾保险金。

2007年9月底,中国保险监督管理委员会发布《关于加强航空意外保险管理有关事项的通知》,该通知要求,从保护消费者利益出发,废止设定价格和保额的行业指导性条款,将航空意外保险产品开发权和定价权交给保险公司,自2007年12月1日起实施。这也就意味着旅客在购买航空人身意外伤害险时,可以有更多的选择,航空人身意外伤害险结束"全国统一售价20元、保额40万元"的历史。

航空人身意外伤害险有三种赔付情况:第一种是在有效期内身故,给付身故保险金。第二种是在有效期内残疾,给付残疾保险金。第三种是在有效期内,未造成身故或残疾,按限额给付医疗保险金。航空人身意外伤害险是非强制险,是否购买由投保者本人决定。

航空人身意外伤害险的除外责任包括被保险人的故意行为、非意外事故造成的伤害。

6. 航空货物运输险

航空货物运输保险的责任范围如下。

(1) 由于航空器遭受碰撞、倾覆、坠落、失踪,在危难中发生卸载以及遭遇恶劣气候或其他危难事故发生抛弃行为所造成的损失。

(2) 保险货物本身因遭受火灾、爆炸、雷电、冰雹、暴风雨、洪水、海啸、地震、地陷、崖崩所造成的损失。

(3) 保险货物因受震动、碰撞或压力而造成破碎、弯曲凹瘪、折断、开裂等损伤以及由此所引起的包装破裂而造成的损失。

(4) 凡属液体、半流体或者需要用液体保藏的保险货物,在运输途中因受震动、碰撞或压力致使所装容器(包括封口)损坏发生渗漏而造成的损失,或用液体保藏的货物因液体渗漏致使保藏货物腐烂的损失。

(5) 保险货物因遭受偷盗或提不着货的损失。

(6) 在装货、卸货和地面运输过程中,因遭受不可抗力的意外事故及雨淋所造成保险货物的损失。

第三节 案例练习

案例一：李某利用航空延误险5年获利300万元案

1. 案情介绍

女子李某使用本人和亲友的证件号码频繁购机票和航空延误险，并频繁理赔，五年内获利近300万元。某市警方依法对其采取刑事强制措施。警方同时表示，其诈骗金额已达到保险诈骗罪的追诉标准。

前述事件引发舆论关注和热议。有网友对某市警方提出质疑称，延误、理赔不都是保险公司自己定的规则吗？法无禁止即可为。李某的机票和保险都是实名制买的，航班延误又不是李某造成的，买票退票是她的自由。她"合理"地利用了漏洞，不应算是违法。但也有网友认为，航空延误险不应是彩票，李某的前述行为背离了航空延误险设立的初衷。有保险业人士认为，李某的行为确实是骗保行为，属于非法获利，"钻了航空公司的漏洞，去薅保险公司的羊毛"。航空延误险的保险标的是航班延误与否。同时从根本上，航空延误险的赔偿是针对被保险人因航班延误造成的额外交通或者额外差旅的支出，或是通过经济赔偿来弥补乘机者的时间损失。保险合同是基于双方的诚信原则。但涉事人李某事实上不存在乘机需求，所以，她首先就违反了诚信和事实原则。另外，投保合同有"真实乘机"相关的条款，但涉事人李某未乘机，所以，她的操作本身就是一种违约行为。有航空公司相关部门负责人表示，航空公司的保险业务一般委托给保险公司，航空公司不直接处理类似的事件，他不便对前述事件作出评价。

警方表示，李某利用其亲友身份信息购买机票和飞机延误险，涉嫌在与保险公司订立保险合同时，故意捏造根本不存在的被保险对象，骗取保险公司保险金，客观上存在刑法评价中的诈骗行为，同时诈骗金额已达到保险诈骗罪的追诉标准。李某之前曾从事过航空服务类工作，对于飞机延误信息及保险理赔的流程都有所了解，失业之后的她，便打起了骗取保险公司理赔金的主意。而航班延误险属于商业保险的一种。李某从亲朋好友处骗来20多个身份证号以及护照号，每一个身份最多购买30~40份延误险。购买一份保险的保费大概是40元左右，保险公司因飞机延误而赔付的金额为400~2000元不等。如果延误时间长，赔付的费用甚至可以到7000~8000多元。2015年至今，李某共实施诈骗近900次，获得理赔金近300万元。

有律师认为，李某的行为不构成犯罪，也不构成诈骗罪或保险诈骗罪。诈骗罪的构成要件之一是嫌疑人虚构事实，无中生有。此案关键是李某虚构了什么事实。依据目前获得的信息，李某确实购买了机票，然后购买了航空延误险。这关键的两方面都确有其事，都是真实发生的事实。保险合同是"射幸合同"——有可能发生，也可能不发生。延误飞行是前提，且需要通过正规渠道购买。李某利用了行业漏洞，但其投机行为不等于是犯罪。其次，李某借用别人身份证，购买机票和保险的行为应适用《民法典》。如果别人不知道李某冒用其身份进行购票、购保险并理赔，属合同无效，应恢复"原状"。涉事保险公司可以依据《民法典》相关条款，主张李某借用或冒用他人身份达成的前述保险合同无效，要求李某返还相关理赔

第十一章
航空保险制度

款项或不予理赔。但李某的相关行为不涉及犯罪。最后,李某借用别人身份证的行为,应该是违反《中华人民共和国居民身份证法》,属行政法律关系。另外,刑法具有谦抑性,投机取巧、偷奸耍滑行为不应上升到刑事的层面。

也有律师认为李某的一半行为不属于骗保,但另一半属于骗保、诈骗。李某自身购买保险并理赔不属于骗保。但李某冒充他人,欺骗保险公司对于保险主体、理赔主体、航班购买主体的正确认知,是诈骗行为。对于这部分违法所得,符合保险诈骗罪立案标准的,应当按照保险诈骗罪依法追责。根据《刑法》规定,保险诈骗罪是指以非法获取保险金为目的,违反保险法规,采用虚构保险标的、保险事故或者制造保险事故等方法,向保险公司骗取保险金,且数额较大的行为。李某前述行为是否涉保险诈骗罪,应区分两个事实加以分析:一种是李某通过自己身份证购买保险并理赔行为;另一种是李某通过所骗亲朋好友身份、银行卡购买保险并理赔行为。针对李某自身购买保险并理赔行为,是利用保险公司制度漏洞获取利益的合法行为。李某以非法占有之目的购买保险及航班班次,并在延误时进行理赔,虽主观上具有不法目的,但是其付费购买航班班次是事实,且所购航班确实因各种原因出现了延误或停飞,李某在航班起飞前支付手续费退票也是法律所允许的,所以客观上李某并未虚构保险标的、保险事故或者制造保险事故等,只是利用制度漏洞和自身从事过航空服务类工作的经验、便利,从而获得保险费,因此,李某自身购买保险并理赔不属于骗保。而李某通过所骗亲朋好友身份、银行卡购买保险并理赔行为,是骗保的违法行为。李某主观上有非法占有保险费之目的,客观上通过骗取亲朋好友身份证、银行卡的行为,购买可能存在延误、停飞的航班,并获取保险费。李某所实施的购买保险、购买航班票、退航班票等均非亲朋好友的真实意思表示。"以他人为身份主体的保险理赔"是李某全程幕后操控的虚假事实。李某冒充他人身份欺骗保险公司对于保险主体、理赔主体、航班购买主体的正确认知,是诈骗行为。对于这部分违法所得,符合保险诈骗罪立案标准的,应当按照保险诈骗罪依法追责。至于具体的量刑标准,参照犯罪所得,根据《刑法》第198条:"有下列情形之一,进行保险诈骗活动,数额较大的,处五年以下有期徒刑或者拘役,并处一万元以上十万元以下罚金;数额巨大或者有其他严重情节的,处五年以上十年以下有期徒刑,并处二万元以上二十万元以下罚金;数额特别巨大或者有其他特别严重情节的,处十年以上有期徒刑,并处二万元以上十万元以下罚金或者没收财产"之规定,及《最高人民法院关于审理诈骗案件具体应用法律的若干问题的解释》:"根据《决定》第十六条规定,进行保险诈骗活动,数额较大的,构成保险诈骗罪。个人进行保险诈骗数额在 1 万元以上的,属于'数额较大';个人进行保险诈骗数额在 5 万元以上的,属于'数额巨大';个人进行保险诈骗数额在 20 万元以上的,属于'数额特别巨大'。单位进行保险诈骗数额在 5 万元以上的,属于'数额较大';单位进行保险诈骗数额在 25 万元以上的,属于'数额巨大';单位进行保险诈骗数额在 100 万元以上的,属于'数额特别巨大'之规定,予以处罚。"

2. 思考题

分析上述不同的观点,判断本案例中李某的行为是否属于保险诈骗并说明理由。

案例二:航空意外险的"意外"索赔案

1. 案情介绍

2009 年,陈某在航空售票点购买了两张 8 月 2 日晚飞往北京的机票。购票同时,陈某花

20元钱为自己购买了1份意外伤害保险。2009年8月2日17时,陈某与15岁的儿子赶到机场,通过安检后等待登机。按照航班时间,母子俩乘坐的飞机应在18时10分起飞,但机场方面通知,由于天气原因航班推迟。2009年8月3日凌晨1时,机场方面将等了七八小时的陈某母子及其他乘客被安排到附近的酒店休息待机。2009年8月3日晨,陈某的儿子发现一贯起床很早的妈妈还在睡觉,上前推了两下,发现其已经没有了呼吸。事后,陈某的丈夫、父母和某人寿保险公司营销服务部的工作人员赶到现场。

经某市公安局法医鉴定,陈某为意外死亡。陈某的丈夫认为,根据保单约定,陈某购买意外伤害保险的有效保险时间为8月2日零时到8月8日,妻子的死亡时间在保险期间,保险公司应按照保单约定,支付理赔金额40万元。保险公司认为,陈某购买意外伤害保险的理赔范围是从乘客通过安检直到飞机降落走出飞机舱门。陈某的死亡地点是在机场外的宾馆,不应获得理赔。

陈某的丈夫、儿子和父母将某人寿保险有限公司诉至法院,索赔保险金额40万元。2010年5月6日,法院开庭审理此案。被告的观点认为,根据保险合同约定,被保险人在机场之外发生意外伤害,公司可不承担赔偿责任。被告保险公司表示,陈某与保险公司签订的保险合同没有生效。合同保险条款第2项约定的保险期限是"被保险人持有效机票到达机场通过安全检查时起,至被保险人抵达目的地走出航空班机的舱门止"。依据该条款,陈某在安检、登机、飞机滑行、飞行、着陆、走出舱门,这一连续过程中发生的意外伤害,才符合保险合同约定赔付的情形。陈某是离开机场后在宾馆住宿时死亡,死亡时间及空间均非合同约定情形。保险合同第3项约定,被保险人在机场之外发生意外伤害,保险公司可不承担赔偿责任。本案中,当陈某走出机场,当天的安检已经自动失效,保险效力也不复存在,只有当她再次进入安检程序时,保险效力才会再次启动。

原告则认为我国《中华人民共和国保险法》中没有关于"保险空间"的规定;陈某不是由于自己过错擅自离开机场,而是应民航方面要求,并听从安排住进宾馆。原告表示:当日,陈某已经通过机场安检,如再次进入机场需要重新安检,仅是机场的相关制度规定,与保险公司无关;我国《中华人民共和国保险法》中没有关于"保险空间"的规定;陈某不是由于自己过错擅自离开机场,而是应民航方面要求,并听从安排住进宾馆;死者购买的保险合同期限是7天,而不是被告认为的空中飞行时间,合同之所以如此约定,表明保险公司已预估到航班延误的情形。《民法典》规定,合同的解除和变更需要双方协商一致、达成书面意见。本案中,双方在履行合同过程当中,根本没有达成诸如解除、变更或终止合同的任何书面意见。保险公司主张的保险合同第3项免责条款,因为被告没有按照法律规定就该条款向被保险人履行说明义务,没有法律效力。庭审中,原告向法庭提供了公安局尸检报告,证明死者是意外死亡,符合保险单中的意外伤害赔偿特征。

被告保险公司抗辩,意外伤害强调的是被保险人遭受外来意外伤害,陈某并未遭受这种侵害。公安机关得出意外死亡结论是警方根据"死者全身无机械性暴力打击损伤"的表象作出,鉴于家属不同意尸体解剖检验,陈某的真正死因尚不明确,故举证不能的后果应由家属承担。原告表示,保险公司在出售保险时,并未就什么是意外伤害进行解释,对投保人而言,意外伤害是指旅行过程中发生的不属于被保险人自身或故意造成的伤残、死亡,陈某的死亡属于这一范畴。事发后,家属方面曾与保险公司沟通,当时,对方并未就尸检结论提出异议,也未就是否进行尸体解剖进一步查明死亡原因提出明确意见。保险公司认为,陈某的死亡属猝死,猝死的主要原因是自身疾病诱发导致死亡,不属于保险合同中意外伤害的范围。

原告则认为,公安机关法医鉴定结论中已证明陈某属意外死亡,猝死仅是死亡的一种临床表现形式,并非死亡原因,保险合同中也没有约定猝死不属于保险责任范围。

2010年9月16日,法庭第二次开庭审理但并未作出判决。2011年1月底,在法庭的调解下,原告不再坚持40万元索赔标的,被告同意赔偿原告30万元,其中10万元属被告慈善基金中的捐款。至此,全国首例航空旅客在宾馆待机死亡,家属主张航空意外伤害事故保险索赔案审结。由此案引发的意外伤害保险责任范围如何界定的争论主要有以下两种不同观点。

观点一,保险合同中对意外伤害没有明确定义,原、被告双方对此存在不同的意思表示。被告保险公司为格式条款合同提供方,依据相关法律规定,双方如对条款发生争议,应该作出不利于提供格式条款一方的解释,陈某死亡应当属于被告的理赔范围。乘客人身意外险的作用,是保障旅客在整个航程中遇到的任何意外事故都能获得赔偿。本案中,飞机延误不属旅客原因,乘客选择接受机场的应急安排,在此过程中发生的任何意外事故,保险公司应该负责赔偿。

观点二,航空意外伤害的界定十分明确,乘客离开机场后死在宾馆,显然并非遭受航空意外。

2. 思考题

分析上述不同观点,阐述航空意外伤害保险责任范围应当如何界定。

第十二章 航空运输损害诉讼制度

第一节 案例导入

案例一：波音 737MAX 坠机事件

1. 案例简介

2019年3月10日8时38分,埃塞俄比亚航空公司一架波音737-MAX8客机从首都亚的斯亚贝巴起飞,飞机起飞后不久在距首都约45千米的比绍夫图附近坠毁,机上载有149名乘客和8名机组人员。2019年3月10日18时报道,失事客机造成157人死亡,失事飞机上有8名中国人。3月11日18时,黑匣子已找到,由埃塞俄比亚航空工作人员带回检测。

2019年3月11日,埃塞俄比亚总理阿比宣布,将3月11日定为全国哀悼日,悼念坠机事件中的所有遇难者。2019年3月13日,美国飞机制造商波音公司再度发表声明称,支持暂时停飞波音737-MAX8的行动,但该公司仍认为该型号飞机能够保障飞行安全。2019年3月17日,埃塞俄比亚交通部发言人表示,对10号失事的波音737-MAX8客机黑匣子数据的分析显示,这起空难与2018年10月印尼狮航波音737-8客机发生的空难有"明显的相似之处"。2019年4月4日,埃塞俄比亚交通部长 Dagmawit Moges 出席埃塞俄比亚 ET302 航班失事调查初步报告新闻发布会。埃塞俄比亚交通运输部公布的调查结果显示,失事客机飞行员在机头出现反复不受控朝下的情况后,多次根据紧急情况应对程序试图操控飞机,但客机仍然失控。初步报告确认飞机一直处于满油门飞行,副驾驶称无法使用手动配平,原因应该是在超速飞行时,向后的带杆力和向前的安定面配平会对安定面螺旋千斤顶有很大的应力。2021年11月,波音公司同意对埃塞俄比亚航空公司坠机事故中遇难的157名遇难者的家属作出补偿性赔偿。

(资料来源:沈海军.折翼的波音737MAX8客机[J].百科知识,2019(13):20-24.)

2. 案例评析

民用航空器是凝结了人类高科技的工业产品,其同样可能具有一般产品的缺陷,如果因为此缺陷而造成人员伤亡、财产损失,较之一般单纯因为承运人原因而造成的人员伤亡、财产损失的案件,更加复杂。因此需要从制造国法律法规、运营国法律法规、侵权发生地国法

第十二章
航空运输损害诉讼制度

律法规来进行综合分析。

案例二：甲旅客飞行中死亡事件

1. 案例简介

Z国甲旅客是一名年轻且身体健康的男性，在飞机上突然死亡不合常理。事故发生后，甲的家属多次向A航空公司发送邮件了解相关情况，A航空看公司于2019年6月2日回复称事故的初步调查结果是甲于早餐供应时没有反应，机组人员对其进行了心肺复苏，并与×××联系，最终在×××的建议下停止了心肺复苏，但称飞行日志、事故报告等资料是保密的，拒绝向甲的家属提供，此后再未回复过任何邮件。A航空公司是一家注册于K国的公司，Z国和K国均为《蒙特利尔公约》缔约国。

2. 案例评析

对于旅客的死亡是否构成"事故"，需要根据《蒙特利尔公约》第十七条的规定："一、对于因旅客死亡或者身体伤害而产生的损失，只要造成死亡或者伤害的事故是在航空器上或者在上、下航空器的任何操作过程中发生的，承运人应当承担责任。"根据该条规定，只要"事故"发生在航空器上或者上、下航空器的过程中，承运人应承担无过错责任。另，关于责任限额问题，根据《蒙特利尔公约》第二十一条的规定："旅客死亡或者伤害的赔偿：一、对于根据第十七条第一款所产生的每名旅客不超过100 000特别提款权的损害赔偿，承运人不得免除或者限制其责任……"

第二节 航空运输损害诉讼制度概述

一、国际航空运输损害诉讼法律制度

1. 1999年《蒙特利尔公约》与国际航空运输损害诉讼

1）作为航空承运人赔偿前提的"事故"

1999年《蒙特利尔公约》第17条规定了旅客死亡和伤害行李损失，即"对于因旅客死亡或者身体伤害而产生的损失，只要造成死亡或者伤害的事故是在航空器上或者在上、下航空器的任何操作过程中发生的，承运人就应当承担责任"。《蒙特利尔公约》第21条规定了赔偿责任的双梯度原则，在第一梯度，无论航空承运人是否存在过错均应当就损失向受害人进行赔偿；在第二梯度，只有航空承运人存在过错才会向受害人进行赔偿。无论需要承担哪一个梯度的赔偿责任，都需要以构成《蒙特利尔公约》意义上的事故为前提。对于航空承运人而言，是否需要承担责任的判断依据为"事故"的定义，或者说在何种情况下旅客死亡或者身体伤害构成了《蒙特利尔公约》意义上的事故。因此，《蒙特利尔公约》所规定的"事故"并非是一个无边界的概念。

2）1999年《蒙特利尔公约》的事故立法内涵

《蒙特利尔公约》的事故不包括精神损害。较之《华沙公约》，《蒙特利尔公约》的事故并不包括精神损害赔偿，这是由于精神损害赔偿本身的判断复杂性与各国对于精神损害赔偿的差异性所决定的。虽然《蒙特利尔公约》排除了航空承运人关于精神损害的义务，但是受

125

害人仍然可以依据其他法律提起对于航空承运人精神损害赔偿的诉求。例如,在发生《蒙特利尔公约》的事故后,我国航空运输旅客可以在依据《蒙特利尔公约》向航空承运人提出索赔的情况下,同时依据我国 2001 年发布的《最高人民法院关于确定民事侵权精神损害赔偿责任若干问题的解释》一并提起精神损害赔偿。

需要承担责任的事故与不需要承担责任的事故。《蒙特利尔公约》第 20 条对于《蒙特利尔公约》第 17 条进行了限定:"经承运人证明,损失是由索赔人或者索赔人从其取得权利的人的过失或者其他不当作为、不作为造成或者促成的,应当根据造成或者促成此种损失的过失或者其他不当作为、不作为的程度,相应全部或者部分免除承运人对索赔人的责任。旅客以外的其他人就旅客死亡或者伤害提出赔偿请求的,经承运人证明,损失是旅客本人的过失或者其他不当作为、不作为造成或者促成的,同样应当根据造成或者促成此种损失的过失或者其他不当作为、不作为的程度,相应全部或者部分免除承运人的责任。本条适用于本公约中的所有责任条款,包括第二十一条第一款。"简而言之,如果"事故"是由于旅客本人的过失或者其他不当作为、不作为造成或者促成的,则承运人可以免除赔偿责任。基于此条,《蒙特利尔公约》的事故可以分为需要承担责任的事故与不需要承担责任的事故。

3) 国际社会对于《蒙特利尔公约》事故的司法判断的发展

在 1985 年 Air France V Saks 案中,乘客乘坐法航喷气式飞机从巴黎飞往洛杉矶,其间她感到左耳有严重的压力和疼痛,飞机降落后疼痛仍在继续。此后不久,该乘客就医,医生的结论是她的左耳已经永久性聋了。随后,她向加州一家法院提起诉讼,指控她的听力损失是由于飞机增压系统的疏忽维护和操作造成的。美国最高法院认为构成《蒙特利尔公约》意义上"事故"的关键在于导致造成死亡或者伤害的事故是否在航空旅客意料之外(an unexpected or unusual event or happening that is external to the passenger),并且是否是航空旅客对飞机正常和预期运行的内部反应造成的(not where the injury results from the passenger's own internal reaction to the usual, normal and expected operation of the aircraft),这一论断奠定了对于《蒙特利尔公约》中"事故"的解释基础。

在 1993 年 Gezzi V British Airways 案中,乘客是一名糖尿病患者,由于切除了脚趾,所以行动不便,其由罗马经伦敦前往洛杉矶,在伦敦希思罗机场时,推送轮椅的服务员告知该乘客由于连接航站楼与航班的通道无法使用,所以需要乘客自行前往停机坪,该乘客在下楼时,由于台阶上的积水不慎摔伤。美国第九巡回法院认为由于台阶上的积水是造成乘客损伤的原因,因此乘客获得了赔偿。

在 2008 年 Barclay V British Airways 案中,乘客在到达座位的过程中,在嵌入飞机地板的塑料带上滑倒,膝盖受伤。乘客以此为据,在牛津法院提起诉讼,在此案中,英国上诉法院认为嵌入飞机地板的塑料带并没有超出乘客的合理预期,所以没有支持乘客的索赔诉求。

在 2019 年 Labbadia V Alitalia 案中,2015 年 2 月 5 日,原告乘坐被告意大利航空公司从伦敦飞往米兰的航班,航班在风雪天气条件下降落在米兰的里纳特机场,此时由于机场提供的供旅客下机的楼梯没有顶棚,所以楼梯上有积雪,导致原告在下机时滑倒,头朝下从飞机楼梯掉到了地上,致使右肩和右骨盆严重受伤。经查明,按照米兰里纳特楼梯操作手册规定,在飞机楼梯定位之前,操作员必须检查没有积雪或结冰。英国高等法院据此认定原告在下机时并不负有注意积雪的义务,因为按照操作手册的规定,所有旅客都应当被推定认为楼梯上已经没有积雪或者结冰,所以此事件构成《蒙特利尔公约》的事故。

第十二章
航空运输损害诉讼制度

4) 对于1999年《蒙特利尔公约》"事故"司法判断的依据

根据上述案件,航空承运人所需要承担的《蒙特利尔公约》第一梯度严格责任下的赔偿义务的前提是存在《蒙特利尔公约》意义上的"事故",而这个"事故"的判定标准在于究竟是旅客需要对于自己的注意义务负责,还是航空承运人需要对于自己的注意义务负责。从此种意义上来讲,《蒙特利尔公约》第一梯度严格责任已经包括了航空承运人的某种前置过错。

对于《蒙特利尔公约》"事故"司法判断的依据应当按照以下顺序进行逐一判定,除非排除所有项目,否则将构成《蒙特利尔公约》意义上的"事故":①国际公约。国际公约为各个缔约国设定了最低限度的义务。航空承运人首先应当查阅相关国际公约确定自身否具有对于事故原因相应的义务。②法律、法规、规章。我国的法律、法规、规章对于航空承运人的运行与服务提出了最低限度的规定,特别是安全生产方面的规定。航空承运人应当查阅相关法律、法规、规章确定自身否具有对于事故原因相应的义务。如果民商事国际公约与我国民商事法律、法规、规章规定不一致的,应当适用民商事国际公约的规定。③航空公司运行手册体系。各个航空公司为了更加安全的运行与更加优质的服务,会制定相应高于国际公约、法律、法规、规章的手册。航空承运人如果遇到运行手册与国际公约、法律、法规、规章不一致的情况,当运行手册要求高于国际公约、法律、法规、规章,则依据运行手册进行判断;当运行手册要求低于或者违反国际公约、法律、法规、规章,则依据国际公约、法律、法规、规章进行判断。④无法律依据情况下的抗辩。在上述案例中,如果没有国际公约、法律、法规、规章以及运行手册的依据,法院一般会认为旅客应当负有注意义务,据此排除《蒙特利尔公约》"事故"的适用。但是,航空承运人仍然需要注意法院对于惯例的适用。例如,美国《联邦证据规则》第406条规定,一个人的习惯或一个组织的常规做法的证据,无论是否有确证,无论是否有目击证人在场,都与证明该人或组织在特定场合的行为符合该习惯或常规做法有关。要提供习惯的证据,一方必须至少展示一种常规做法,即以特定类型的响应来满足特定类型的情况。简言之,如果引发造成死亡或者伤害的事件是由于航空承运人一般的惯例所造成的,那么就有可能构成《蒙特利尔公约》上的"事故"。即使法院判定航空承运人无须承担《蒙特利尔公约》的责任,也并不代表其完全不需要承担责任。受到损失的乘客仍然有权依据自己所在国或者致害国的国内法提起诉讼。

2. 美国航空运输损害诉讼制度

1) 美国旅客运输损害诉讼制度

美国对于航空公司安全与服务具有完备的法律规定,这些法律不仅适用于美国航空公司,而且适用于外国航空公司。美国最高法院早在1865年York Company V Central Railroad案中,确立了广义承运人的概括义务,即公共承运人不得拒绝运输。至1909年,在Missouri Pacific Railway Company V Larabee Flour Mills Company案中,美国最高法院改变之前的观点,认为公共承运人可以拒绝运输某些特定物品,但是拒绝运输的判定标准仍然是模糊的。如何界定安全与服务之间的界限,是在美运行的中国航空公司需要注意的合规风险点,本文结合美国司法判例,对于上述界限进行分析。

2) 美国产品质量诉讼制度

美国法上的产品责任体系较为复杂,存在以下需要注意的规则。

首先,原告承担具体且详细的证明责任。产品在预期或可预见的使用中,未能像普通用

127

户预期的那样安全地运行,产品的设计是造成损害的直接原因,被告未能在利益平衡方面证明,设计的利益大于产品的固有风险。值得注意的是,原告需要证明制造缺陷是指航空产品未能达到与同类产品的平均质量水平。根据制造缺陷理论,原告必须证明制造过程中的错误是原告受伤的直接原因。例如,在 Am. Guar. & Liab. Ins. Co. V Cirrus Design Corp 案中,法院认为原告应当提供相应的"实际缺陷部件或缺陷的性质(the actual defective component or the nature of the defect)",这无疑加剧了原告方的证明责任。就此次737MAX停飞事件而言,国内各方的证明责任较重,特别是《国际民航公约》附件3.1条规定"调查事故或事故征候的唯一目的是防止事故或事故征候。这一活动的目的不是为了分摊过失或责任"。因此,即使调查报告公布,法院也有可能排除此类证据材料,因此,有赖于其他证据来源,比如波音公司对于737MAX航空器升级的事实,以及世界各国的禁飞命令等。

其次,制造者的警示义务。如果制造者未能对相关潜在风险进行警示,法院则会进行法律推理,认为制造者有理由知道其销售的产品对其供应的用途可能有危险,没有理由相信用户会意识到其危险状况,以及未合理注意告知用户造成产品危险的事实,不发出警告是原告受伤的直接原因。波音公司所制造的航空器通常会附带技术手册,并且购买者往往会签署一份技术接收证书(Technical Acceptance Certificate),未来的诉讼过程中,双方的争议焦点必定集中于此,即波音公司是否在其技术手册中履行了警示义务。

再次,产品责任诉讼严格责任原则。例如,在 West V Caterpillar Tractor 案中,如果一个产品在市场上销售,并且知道该产品将在不检查缺陷的情况下使用,证明其存在缺陷,从而导致人身伤害,则制造商应承担严格的侵权责任。用户、消费者或第三人在未能发现缺陷或防范缺陷存在可能性方面的共同过失,不构成对于严格责任的抗辩。Winans V Rockwell Int'l Corp. 案中,法官认为由于产品的设计、成分或制造上存在缺陷,导致其在正常使用中不合理的危险,而无过错地受到伤害,个人则可以在无过失证明的情况下从产品制造商处获得赔偿。合理的谨慎包括在制造过程中以及在产品完成后进行制造商认为合理必要的检查和测试,以确保安全产品的生产。Smith V Peerless Glass Co. 案中,法院认为如果制造商在指出对任何人造成严重人身伤害的不合理风险的情况下疏忽大意,无论其是组成部分还是组装实体的生产制造商,都应当承担责任。国内各方在证明自身所遭受的损害数额以及索赔目录时,尤其值得注意的是需要避免出现证明自身存在共同过失的方面。

最后,零件制造商与整机制造商责任。在民用航空器的制造过程中,每一零件可能是由不同制造商制造的,且都需要获得适航部门的行政许可。因此,在 Boeing Airplane Co. V Brown 案中,法官认为购买和安装由另一制造商制造的产品零件的制造商承担的责任与该部件的制造商相同。因此,制造商有责任对于部件的设计、构造以及安装在其制造产品中的特定部件的测试和检查采取合理的谨慎措施。在这其中涉及国内各方是否需要将自动失速防止软件(Maneuvering Characteristics Augmentation System,MCAS)的真正制造商同时列为被告的问题。对于制造者身份的认定,在 Burton V Twin Commander Aircraft 案中,被告因持有航空器的型号合格证,因此被看作航空器的制造者,并以制造者的身份享有权利和承担义务。因此,从索赔范围有利于国内各方的角度而言,建议增加自动失速防止软件(MCAS)的真正制造商。

第十二章
航空运输损害诉讼制度

二、国内航空运输损害诉讼法律制度

1.《蒙特利尔公约》与《民用航空法》

我国现行《民用航空法》中的航空运输承运人责任制度亟待修改有两方面的原因：一方面是我国司法实践中，提高赔偿限额的现实需求；另一方面是《蒙特利尔公约》的生效标志着国际航空运输承运人责任已经完成了其现代化进程，而我国《民用航空法》则完全承袭了华沙体系的制度框架，因此与国际航空运输承运人责任领域现行最重要的国际条约不一致，这种不一致在实践中所导致的双轨制也是我国航空运输承运人责任制度需要进行现代化的重要原因。

1999年《蒙特利尔公约》中确定了"双梯度原则"，即严格责任原则与过错推定原则相结合的双梯度赔偿制度。1999年《蒙特利尔公约》对我国的生效以及我国《国内航空运输承运人赔偿责任限额规定》均对赔偿结果产生影响。特别是1999年《蒙特利尔公约》对我国生效后，适用公约与适用国内法规所得出的赔偿结果差别巨大。对国际航空运输而言，在1999年《蒙特利尔公约》生效前，适用我国《民用航空法》第129条与适用1929年《华沙公约》以及1955年《海牙议定书》产生的法律效果是一致的，即我国国际航空运输承运人赔偿责任与国际公约全面接轨。此时仅在国际运输与国内运输间存在差别，即同样适用我国《民用航空法》的情况下赔偿限额存在较大差异。

2.《中华人民共和国民事诉讼法》对于国内航空运输损害诉讼的程序性规定

《中华人民共和国民事诉讼法》于1991年4月9日第七届全国人民代表大会第四次会议通过，根据2007年10月28日第十届全国人民代表大会常务委员会第三十次会议《关于修改〈中华人民共和国民事诉讼法〉的决定》第一次修正；根据2012年8月31日第十一届全国人民代表大会常务委员会第二十八次会议《关于修改〈中华人民共和国民事诉讼法〉的决定》第二次修正；根据2017年6月27日第十二届全国人民代表大会常务委员会第二十八次会议《关于修改〈中华人民共和国民事诉讼法〉和〈中华人民共和国行政诉讼法〉的决定》第三次修正；根据2021年12月24日第十三届全国人民代表大会常务委员会第三十二次会议《关于修改〈中华人民共和国民事诉讼法〉的决定》第四次修正。

对于国内航空运输损害诉讼起诉而言，根据《中华人民共和国民事诉讼法》第122条，原告起诉必须符合原告是与本案有直接利害关系的公民、法人和其他组织；有明确的被告；有具体的诉讼请求和事实、理由；属于人民法院受理民事诉讼的范围和受诉人民法院管辖。对于起诉，法院按照分别情形，予以处理。依照行政诉讼法的规定，属于行政诉讼受案范围的，告知原告提起行政诉讼；依照法律规定，双方当事人达成书面仲裁协议申请仲裁、不得向人民法院起诉的，告知原告向仲裁机构申请仲裁；依照法律规定，应当由其他机关处理的争议，告知原告向有关机关申请解决；对不属于本院管辖的案件，告知原告向有管辖权的人民法院起诉；对判决、裁定、调解书已经发生法律效力的案件，当事人又起诉的，告知原告申请再审，但人民法院准许撤诉的裁定除外；依照法律规定，在一定期限内不得起诉的案件，在不得起诉的期限内起诉的，不予受理。

对于国内航空运输损害诉讼立案而言，人民法院应当在立案之日起五日内将起诉状副本发送被告，被告应当在收到之日起十五日内提出答辩状。答辩状应当记明被告的姓名、性别、年龄、民族、职业、工作单位、住所、联系方式;法人或者其他组织的名称、住所和法定代表人或者主要负责人的姓名、职务、联系方式。人民法院应当在收到答辩状之日起五日内将答辩状副本发送原告。被告不提出答辩状的,不影响人民法院审理。人民法院对受理的案件,分别情形,予以处理,当事人没有争议,符合督促程序规定条件的,可以转入督促程序;开庭前可以调解的,采取调解方式及时解决纠纷;根据案件情况,确定适用简易程序或者普通程序;需要开庭审理的,通过要求当事人交换证据等方式,明确争议焦点。

对于国内航空运输损害诉讼法庭调查而言,按照下列顺序进行:当事人陈述;告知证人的权利义务,证人作证,宣读未到庭的证人证言;出示书证、物证、视听资料和电子数据;宣读鉴定意见;宣读勘验笔录。

对于国内航空运输损害诉讼法庭辩论按照下列顺序进行:原告及其诉讼代理人发言;被告及其诉讼代理人答辩;第三人及其诉讼代理人发言或者答辩;互相辩论。法庭辩论终结,由审判长或者独任审判员按照原告、被告、第三人的先后顺序征询各方最后意见。其后就是合议庭讨论作出裁判。

第三节 案例练习

案例一:王某诉 D 航空公司案

1. 案情介绍

王某于 2014 年 8 月 17 日在第三方平台上购买了 2014 年 9 月 21 日 12:30 分从上海浦东机场飞往罗马费尤米西诺机场的航班的机票一张,票价为人民币 4655 元,并于当天完成出票。9 月 21 日当天,王某提前两小时到达浦东机场 T1 航站楼的 D 航柜台处办理乘机手续,排队等候近半小时都没有完成乘机手续。大约 40 分钟之后,D 航告知王某没有座位办理乘机,在王某再三追问之下,D 航告知王某因为航班超售,无法办理原航班的登机手续,并作出人民币 2500 元的赔偿处理,但赔偿的前提是要求王某签署协议放弃申诉的权利。王某不接受 D 航的条款,D 航的工作人员又称可以改乘当天其他航班,在反复拖延两小时后,D 航告知王某无法转乘其他航班,只能改乘 24 小时之后的航班。其间没有提供餐食、休息场所等任何服务。最终王某于 2014 年 9 月 22 日 12 时登机。王某原定利用带薪休假从 9 月 21 日开始在欧洲三个国家多个城市的 15 天旅游,因延误 24 小时浪费了王某的带薪休假日一天,造成早已订好的欧洲酒店支出人民币 369 元、欧洲交通延误支出人民币 816 元等费用的损失,也打乱了王某的行程与休假计划。之后,王某起诉 D 航。

2. 思考题

请分析该案是否可以适用 1999 年《蒙特利尔公约》。

案例二:徐某诉 A 航空公司案

1. 案情介绍

2019 年 1 月 13 日,徐某乘坐 A 航空公司承运的航班由美国飞往中国广州,在飞机离中国广州白云机场还有 4 小时(北京时间凌晨约 1 时),因飞机颠簸,造成徐某在卫生间门口摔

第十二章
航空运输损害诉讼制度

倒,在飞机上 A 航空公司并没有及时对徐某进行救助,当飞机在广州白云机场落地后,A 航空公司公司没有将徐某送到医院抢救而延误抢救时机,也没有支付医疗费用等。而是由在美国生活长大对中国非常陌生的家属(二儿媳妇)将徐某送往广州市花都区人民医院抢救,二儿媳妇再联系徐某女儿陈某从广东台山开车赶到广州市花都区人民医院支付入院所需要的费用,广州市花都区人民医院当即下达病重(危)通知,经检查徐某的右侧大脑大面积梗死,右侧手脚没法行动,语言不答。因伤重治疗 6 天后转院至广州市三九脑科医院治疗 11 天后转到广东省台山市中医院进行治疗,至 8 月 5 日出院回家,服药、康复治疗。截止徐某家属提起诉讼前,徐某仍然瘫痪在床不能言语,生活完全不能自理,24 小时需要有人陪护照顾,且长期需要住院治疗进行相应的功能锻炼及物理治疗。

2. 思考题

请分析该案例是否可以构成 1999 年《蒙特利尔公约》中的"事故"。

参 考 文 献

[1] 王铁崖.国际法[M].北京:法律出版社,2021.
[2] 中国民用航空局政策法规司,中国民用航空局国际合作服务中心.民用航空国际公约汇编[M].北京:法律出版社,2019.
[3] 杨慧,郝秀辉.航空法学原理与实例[M].2版.北京:法律出版社,2017.
[4] 姚琳莉.大湾区民航法治合作研究[M].北京:中国民航出版社,2022.
[5] 姚琳莉.民用航空法案例教程[M].2版.北京:科学出版社,2019.
[6] 董杜骄.航空法案例评析[M].北京:对外经济贸易大学出版社,2009.
[7] 郭莉,任荣.民用航空法概论[M].北京:航空工业出版社,2010.
[8] 刘伟.民航空法学文选[M].北京:法律出版社,2016.
[9] 赵旭望,秦永红.民用航空法基础[M].北京:科学出版社,2013.
[10] 许凌洁,张莉琼.民航法律知多少[M].北京:中国民航出版社,2015.
[11] 中国航空运输协会法律委员会.中国民航法律案例精解[M].北京:知识产权出版社,2016.
[12] 张莉琼,杨惠.我国履行国际民用航空安保公约的立法与实践[M].北京:法律出版社,2015.
[13] 张君周.民航安保法律基础[M].北京:中国民航出版社,2015.
[14] 邹璐,顾倩.民航法规与案例实务[M].北京:中国民航出版社,2020.
[15] 姚琳莉.民航安保法律实务[M].北京:航空工业出版社,2020.
[16] 王立志,杨惠.航空旅客权益保护问题与规制[M].北京:法律出版社,2013.
[17] 刘昊阳.航空安保管理[M].北京:中国民航出版社,2014.
[18] 马东方.我国香港特别行政区的民用航空管理体制和运行机制[J].民航管理,2022(3):56-60.
[19] Weber L,孙凯文,雷傲,等.开普敦公约将促进中国的航空器融资租赁(一)[J].中国律师,2016(2):86-89.
[20] Weber L,孙凯文,雷傲,等.开普敦公约将促进中国的航空器融资租赁(二)[J].中国律师,2016(3):103-105.
[21] Weber L,孙凯文,雷傲,等.开普敦公约将促进中国的航空器融资租赁(三)[J].中国律师,2016(4):87-89.
[22] Ludwig Weber,孙凯文,雷傲,等.开普敦公约将促进中国的航空器融资租赁(四)[J].中国律师,2016(5):96-98.
[23] 郝秀辉,张纳川.论航空器融资租赁出租人的违约取回权[J].西南石油大学学报(社会科学版),2016,18(1):83-90.
[24] 孙建华.《开普敦公约》中的国际利益问题研究[J].武大国际法评论,2016,19(2):427-451.
[25] 张稚萍.《民法典》中的融资租赁登记问题探讨[J].华北金融,2020(9):43-49.
[26] 张望平.论民航机长的权力[J].北京理工大学学报(社会科学版),2014(3):121-127.
[27] 刘伟民.论航空运输延误和"超售"拒载的违约责任[J].北京航空航天大学学报(社会科学版),2011(11):28-34.
[28] 刘伟民.论中国航空运输责任赔偿制度的发展趋势[J].北京航空航天大学学报(社会科学版),2013(1):30-37.
[29] 贺富永.国内航空承运人对旅客损害赔偿立法走向思考[J].南京航空航天大学学报(社会科学版),2016,18(1):64-71.
[30] 覃华平.1999年《蒙特利尔公约》关于航空承运人责任有关法律问题研究——兼论MH370的赔偿责任问题[J].中国政法大学学报,2014(5):71-81,158.
[31] 黄解放,刘贺.《北京公约》和《北京议定书》浅析[J].民航管理,2022(12):13-19.
[32] 刘贺.《北京公约》对国际航空保安公约体系的更新[J].北京航空航天大学学报(社会科学版),2023(1):

148-156.

[33] 张君周.《北京公约》新增犯罪行为所涉罪名探析[J].北京航空航天大学学报(社会科学版),2023(1): 148-156,169-177.

[34] 李斌,萨楚拉.论国际航空保安法制的新发展——评 2010 年《北京公约》及《北京议定书》[J].北京航空航天大学学报(社会科学版),2012(1):40-44.

[35] 刘胜军.海峡两岸航空承运人责任制度之比较——以旅客航空运输为视角[J].河北法学,2013, 31(9):133-142.

[36] 刘伟民.国际航空承运人责任制度出路何在?——对国际民航组织(常设)法律委员会第 30 届会议及其结果的综合评述[J].民航经济与技术,1998(8):22-26.

[37] 屈凌.国际航空运输侵权研究——以华沙体系为视角[D].武汉大学博士学位论文,2011(4):32-79.

[38] 齐树洁,陈贤贵.现代型诉讼中的当事人适格问题[J].厦门大学学报(哲学社会科学版),2010(5): 136-144.

[39] 齐树洁.关于我国民事司法改革的思考[J].法学杂志,2009,30(3):75-78.